足球训练阶段解析及规划

宫乐贞　著

人民体育出版社

图书在版编目（CIP数据

足球训练阶段解析及规划／宫乐贞著.--北京：
人民体育出版社，2019

ISBN 978-7-5009-5660-0

Ⅰ.①足… Ⅱ.①宫… Ⅲ.①足球运动－运动训练－
研究 Ⅳ.①G843.2

中国版本图书馆 CIP 数据核字（2019）第 222356 号

*

人民体育出版社出版发行
北京建宏印刷有限公司印刷
新 华 书 店 经 销

*

787×1092 16 开本 14.5 印张 260 千字
2019 年 10 月第 1 版 2019 年 10 月第 1 次印刷

*

ISBN 978-7-5009-5660-0
定价:65.00 元

社址：北京市东城区体育馆路 8 号（天坛公园东门）
电话：67151482（发行部）　　邮编：100061
传真：67151483　　　　　　　邮购：67118491
网址：www.sportspublish.cn
（购买本社图书，如遇有缺损页可与邮购部联系）

前 言
FOREWORD

　　足球是世界第一大运动，其魅力在于比赛结果的不确定性，它有区别于橄榄球、篮球、排球等团体比赛项目独特的特点。所以，对足球的研究就不能局限于常规集体项目的共性，必须遵循足球的内部规律，理解其内涵，要针对其独有的特点进行分析。青少年是否会喜欢上足球，取决于他们对训练课的内容、教练员的专业化程度与经验等。制订有效训练计划的关键，是了解不同年龄段的生理心理特征，并选择合理的训练和比赛方式。只有训练或者比赛要求与自身的智力、心理能力及动作技能相符，青少年才能快速、有效且全面地掌握训练内容。

　　科学有效的热身准备活动，是一切体育锻炼的前提条件，必须应用到教学与训练中去，同时还必须将它应用到青少年的体育活动中。教练员必须明白青少年在什么年龄阶段可以适应什么样的比赛。青少年可以参与强度逐步提高的训练，也可以参与激烈程度不断提高的一系列比赛，数年之后再逐步参加成人比赛。执教的关键在于了解运动员在特定的生理和心理发展阶段所适应的活动，包括技术动作、战术行为和复杂的比赛。传统的方法往往对训练的结果或者比赛的结构缺乏充分的考虑。为了实现更好的结果，教练员、管理机构、学校和俱乐部等必须首先审查青少年足球计划的结构和组织情况；必须简化复杂的成人比赛以适应该年龄段的特点；打造并设计完全符合青少年能力的合理比赛进程并逐渐增加要求。只有符合自身能力、兴趣和期望的训练、比赛和挑战，才能让青少年更愿意参与进去。足球训练计划和比赛必须是为青少年量身定做、完全匹配且让人愉悦的。

　　在向球员传授足球技术时，场地示范是有效的途径。年轻球员的训练工作必须由具备出色示范能力的教练员担任。通常情况下，年轻球员在这个阶段的训练课应当由有经验的教练员来带领，而且他们应该受过良好的培训。做好一项足球技术的讲解只能解决问题的一部分，之后还有一系列问题，如"何时用""怎么用""为什么""什么地方"。就是说，教练员不仅具备良好的示范能力，而且应是一位足球专家，他使用的语言必须适合球员的年龄，讲解必须清晰简要，能使他们透彻地理解。

这个年龄段的教练员应具备场地示范的能力，能通过适宜的方法将自己的知识展示给球员。处于这个年龄段的球员，观察是学习足球的有效途径。教练员在纠正球员的技术动作时，必须进行正确的示范。除场地示范以外，教练员还可利用图表、绘画、视频等形式向球员讲解新的足球技术。

在学习和训练各种足球技术的过程中，可利用练习使训练更具综合性和复杂性。在教学过程中，第一步是示范技术动作并让球员试做，第二步才是练习，旨在为足球比赛做准备。练习可分为普遍性和综合性两种。普遍性练习是为球员综合练习做准备。这类练习，是一项特定的足球技术与一项类似的技术联系在一起，经过多次重复，使球员的动作准确无误。例如脚弓传球，我们用普遍性练习来改变球的方向和速度，同时应要求队员不要等球，一定要上前迎球，传球队员一定要掌握好传球方向和力量。我们用综合性练习来完成预定的任务，这类练习要解决的问题要有针对性。如综合性练习中的传接，应包括高空球、地滚球、回传球、二过一、背身球和正面球等。综合性练习比普遍性练习更具难度，在教授年轻球员学习足球比赛各种技术的时候，不宜漫无边际地采用普遍性练习和综合性练习，这样难以达到预期的效果。足球的各种技术要素必须通过实战对抗才能真正掌握。在训练过程的开始阶段，练习是学习的基本方式。如果进一步结合实战的要求，练习只是学习过程的辅助手段。

目 录
CONTENTS

下篇——高级阶段

绪 论

一、足球训练阶段划分及理念解析

（一）足球训练理念解析

科学训练建立在世界足球不断进步的基础之上。足球教练员应融合各国的足球文化，吸取国内外近几年的先进训练理念，学习经典的训练案例，贯通于新时代足球训练的每一个细节。我们需要重新解析足球技术、战术、比赛之间的组合与衔接。在足球训练的基础阶段，教练员需要将行之有效的执教方法和吸引人的游戏相结合，从而培养青少年球员的技能，让他们了解团队打法，并且增强体育精神。执教青少年球员，发挥他们的最大潜能，为运动员实现成功的足球生涯创造一个良好的开端。本书将足球训练的基础阶段（10～18岁）分为初级阶段、中级阶段和高级阶段，并对每个阶段的年龄特点进行解析。指导制订训练计划。通过清晰的描述和插图，以简单易懂的方式将足球运动的基本技术、战术应用、情感意志和比赛，整合到各个训练课程当中。本书旨在进一步推进青少年足球发展，增强青少年体质，充分发挥足球的综合育人功能，着力促进青少年全面发展，提高足球人口素质，提升足球人才质量。本书以推进足球普及，以坚持立德树人，以培养青少年综合素质和促进青少年健康成长为原则，总体上具有以下几个特性。

整体性——对青少年足球训练内容进行整体安排，突出各个阶段足球训练的重点，使足球知识掌握、技能习得和青少年的身心发展规律相统一。

基础性——强调培养青少年掌握必要的足球与健康知识、足球运动的技能和方法，养成参与足球运动和体育锻炼的习惯，为养成终身体育学习和健康生活奠定良好的基础。

实践性——强调以足球练习为主要手段，通过足球基本技战术与健康知识学习、足球运动习惯的形成，增强青少年参与足球运动的实践能力。

健身性——强调在学习足球与健康知识、足球技战术过程中，通过适宜的运动负荷，提高青少年体能素质水平，促进青少年健康成长。

综合性——强调充分发挥足球的综合育人功能，在足球教育训练活动中，强调探究性、研究性、创新性和合作性学习，培养青少年的竞争意识、团队精神、规则意识、责任感和顽强的意志品质等体育精神，提高青少年预防运动损伤和紧急处理伤害事故、分析与解决问题、与人交往、抗挫折等社会适应能力，提升青少年欣赏足球比赛和享受运动乐趣的素养。

1. 价值

本书的价值在于使广大教练员和教师在足球训练工作中有章可循，得到及时有效的帮助和指导，使青少年在足球课程中能够系统科学地提高身心健康水平及足球基础技能水平，推动全国中小学青少年足球训练工作的科学化、规范化，从而促进足球整体训练质量的提高。以足球训练为突破口，创新学校体育训练，引导实施素质教育。

2. 基本理念

（1）坚持"健康第一"的指导思想，促进青少年健康成长。足球训练要以"健康第一"为指导思想，努力构建与足球有关的知识与技能、训练过程与方法、情感态度与价值观有机统一的足球训练目标和学习框架，在强调足球技战术的同时，融合与青少年健康成长相关的知识。通过足球训练，青少年能够掌握足球基本技能，发展体能，逐步形成健康和安全的意识及良好的生活方式，实现身心协调、全面地发展。

（2）训练内容与方式符合现代足球运动规律与教育训练理念。在训练内容方面，选择有利于青少年参与足球游戏和比赛所必需的基础知识、基本技战术作为学习的内容，并根据青少年成长规律及足球训练规律进行逻辑性设置；在训练方式方面，力求改变孤立的技战术训练方法，改变过于单调的训练形式，创设有利于青少年发挥主动性、乐于探究、接近游戏和比赛情境的训练环境。

（3）激发青少年参与足球运动的兴趣，培养青少年参与足球运动的意识和习惯。足球训练强调各个阶段目标的确定、内容和方法的选择与运用要符合青少年的兴趣需要，引导青少年体验足球运动乐趣，提高青少年足球学习动机；重视对青少年进行正确的体育价值观和责任感的教育，让青少年在足球运动中感受到竞争与对抗、胜利与失败、团队合作与个人努力的辩证统一关系，培养青少年积极参与足球运动的习惯。

（4）普及与提高相结合。足球训练以课堂训练为基础，对青少年进行足球知识技能的传授，培养青少年的足球意识。通过课外足球活动及校内、校际足球竞赛进一步激发青少年对足球的兴趣，吸引更多的青少年参与到足球运动中来，并对具有足球天赋的人才着力培养。

（二）教练员对比赛的指导与规划

人的大脑有两种运行方式，一种是支配身体各种运动；另一种就是思维和决策。教练员在训练和比赛中也是一样。教练员首先在训练时支配球员做各种训练，其次在比赛中要思维并决策。教练员对场上球员表现和临场变化要有所思考并做出反应。教练员经过短暂的思考，传播给球员信息，而场上的球员没有时间去思考，只是执行该信息。

在比赛开始前，教练员应该提前召开准备会。比如，比赛在下午两点举行，那么可以在上午九点开准备会。教练员针对比赛情况布置战术，通过让球员思考尽量少犯错误。在比赛之前教练员要给予球员充分的信任与足够的信心。

教练员要针对每一个球员做鼓励性工作。如果没有足够的时间，可把某一类球员召集起来讲话，增强他们的信心。在比赛开始前，教练员应用各种方法使球员放松。上场前，教练员应鼓舞球员，提醒球员避免无谓的犯规。

对待胜负时，教练员一定不要同球员讲这场比赛必须赢，而应鼓励他们在比赛中发挥出平时的训练水平。如果每名球员都把自己最好的水平发挥出来，比赛就会有理想的结果。如果比赛输掉教练员不要责备球员，而要勇于承担责任。这样不仅可以接近与球员的心理距离，还可以提升自己在球员心目中的地位。此外，教练员不要在公众前面公开批评自己的队员。

在比赛开始后教练员的指导行为有：

（1）当双方势均力敌时。教练员应该做某些调整使本方占优势，如阵型变化，某些关键位置球员调整，鼓励前场球员敢于冒险，1对1时敢于拿球突破。

（2）本方处于优势时。要求球队采取整体战术，强调球员的动作质量，提醒球员不要放松。

（3）对方处于优势时。提醒球员使用简单的技术动作，这样成功的可能性更大，可提高球员的自信心。找出落后的原因是团队的问题还是个人的问题。如果是团队对抗处于劣势，则要提醒球员动作更简单实用。如果是个别球员表现出明显劣势，则要及时做换人调整。

中场休息时，首先让球员补水，然后对比赛中影响整体发挥的不足之处进行讲解。在分析问题时不要对球员大喊大叫，而要提振球员信心。

比赛结束后，让球员休息好后再开始讲解。具体的比赛分析应该在比赛结束30分钟后再开始。

二、各阶段选材指标体系

（一）选材指标

足球队员选拔测试分为生理指标测试（医院完成）、运动能力测试和比赛能力测试三大部分。

1. 生理指标测试

生理指标测试包括年龄、骨龄、身高、体重、肺活量、心率、血型等。

2. 运动能力测试

运动能力测试包括屈体直腿下够、立定跳远、20m 直线冲刺、20m 带球过杆、20m 无球过杆、足球技术 6 项。以上测试项目主要考查队员的速度、爆发力、协调性、柔韧性等遗传性运动能力和足球基本技术。

（1）屈体直腿下够。该项测试用于测试队员大腿后侧肌肉柔韧性及脊柱的伸拉性，适应于各个年龄段的队员。测试工具为具有平面边缘的长凳，长凳边缘垂直放置 50cm 的直尺，上下各 25cm。测试方法：测试队员赤脚站在长凳上，两脚间隔一拳，脚尖与长凳垂直边缘对齐，膝关节垂直绷紧，屈体下够，手指在所及处停留 3s，记录数据。每人测试两次，记录最好成绩。

（2）立定跳远。该项测试用于测试队员的爆发力及腿部、腰部力量，适应于各个年龄段的队员。测试工具为皮尺和直尺。测试方法：测试队员站在踏板上（踏板高为 2~3cm），脚尖稍超出踏板，两脚与肩同宽，半蹲摆臂将身体跃起，落地后不能移动。测量拖后脚脚跟到踏板的距离并做记录，每人测试两次，记录最好成绩（队员穿胶鞋或无钢钉足球鞋）。

（3）20m 直线冲刺。该项测试主要用于测试队员的启动速度、协调性、爆发力和跑动技术，适应于各个年龄段的队员。测试工具：草皮场地、20m 距离两根标志杆、足球鞋。测试方法：测试队员运用站立式起跑方法，听到信号后起跑，同时开表计时，队员快速通过终线时停止计时。测试两次并记录最好成绩。

（4）20m 带球过杆。该项测试用于测试队员的协调性及速度，适应于各个年龄段的队员。测试工具：草皮场地、8 根标志杆（20m 内直线插 8 根标志杆，第一、第二两根标志杆相距 2m，其他相距 3m），测试队员穿足球鞋。测试方法：测试队员高站姿，脚下持球站在测试起点的第一根标志杆一侧，要求在尽快时间内折线带球通过标志杆，测试队员第一次触球开始计时，通过最后一根标志杆时计时停止。测试两次，记录最好成绩。

（5）20m 无球过杆。该项测试主要用于测试队员的协调性和速度，适应于各个年龄段的队员。测试工具：同 20m 带球过杆。测试方法：测试队员高站姿站在测试起点的第一根标志杆一侧，要求在尽快时间内折线跑动通过标志杆，测试队员听口令跑动开始，同时计时开始，通过最后一根标志杆时计时停止。测试两次，记录最好成绩。

（6）足球技术。该项测试主要用于测试队员的足球技术，适应于各个年龄段的队员。测试场地：2m 直径圆形场地、足球鞋；测试方法：测试队员站立姿势，用脚把球捡起，在区域内开始颠球，连续两次颠球使用身体不同的部位，开始颠球计时开始，当球离开区域或者连续两次同一部位颠球，计时结束。测试两次，记录最好成绩。

3. 比赛能力测试

比赛能力测试包括 11 对 11（标准场地）、4 对 4（30m×20m 场地，1m×2m 球门）、2 对 2（20m×15m 场地，1m×2m 球门）、1 对 1（15m×10m 场地，1m×2m 球门）。

4 名教练员通过 4 项比赛，按照比赛中队员的表现、身体类型、肌肉结构类型等进行评分。

4. 评分标准

（1）测试评分：最低分 0 分，最高分 5 分。

（2）比赛评分：由 4 名教练员通过 4 项比赛给出，每一名教练员每场比赛中选定队员 0.5 分，4 场比赛中全部选中 2 分，4 名教练员给出最低分 0 分，最高分 8 分。

（3）队员综合测试分数：最低分 0 分，最高分 13 分。

（二）选材测试成绩表

1. 选材测试成绩表 1

选材测试成绩表 1 如表 0-1 所示。

表 0-1　选材测试成绩表 1

测试时间＿＿＿年＿＿＿月＿＿＿日

姓名：　　　　　　　　　（号码 NO.　　　）					相片
队员基本资料统计					
出生日期：			骨龄：		
体重：　　（kg）		身高：　　（cm）			
父母身高　母亲：　父亲：					
出生地：					

专项运动能力测试					
测试项目	测试成绩	测试分数	测试项目	测试成绩	测试分数
柔韧性			20m 有球折线跑		
立定跳远			20m 折线跑		
20m 冲刺			足球技术		
总分数					

比赛测试				
CIACH　＼　ITEMS	POINTS OF C 1.	POINTS OF C 2.	POINTS OF C 3.	POINTS OF C 4.
11 对 11				
4 对 4				
2 对 2				
1 对 1				
共计				
总分				

2. 选材测试成绩表 2

选材测试成绩表 2 如表 0-2 所示。

表 0-2　选材测试成绩表 2

_____年_____月_____日

姓名：				测试时间：			
队员基本资料统计							相片
性别：		AGE 年龄：			位置：		
出生日期：			身高：		体重：		
籍贯：				注册证号：			
专项运动能力测试							
测试项目	成绩	分数	测试项目			成绩	分数
柔韧性			俯卧撑				
立定跳远			腹肌力量				
20m 冲刺			两球折线跑				
20m 折线跑			20m 快速运球				
20m 有球折线跑			各部位颠球				
60m 冲刺			10m 踢准				
特殊耐力			精准射门				
头球射门			快速击球				
总分数							
主教练员评语							
总教练员评语							

(三) 选材测试评分标准

1. 不同测试项目的评分标准

(1) 20m 冲刺测试评分标准如表 0-3 所示。

表 0-3　20m 冲刺测试评分标准

单位：s

年龄（岁）	分数				
	1	2	3	4	5
7	≥4.6	4.5~4.4	4.3~4.2	4.1~4.0	≤3.9
8	≥4.5	4.4~4.3	4.2~4.1	4.0~3.9	≤3.8
9	≥4.4	4.3~4.2	4.1~4.0	3.9~3.8	≤3.7
10	≥4.3	4.2~4.1	4.0~3.9	3.8~3.7	≤3.6
11	≥4.2	4.1~4.0	3.9~3.8	3.7~3.6	≤3.5
12	≥4.1	4.0~3.9	3.8~3.7	3.6~3.5	≤3.4
13	≥4.0	3.9~3.8	3.7~3.6	3.5~3.4	≤3.3
14	≥3.9	3.8~3.7	3.6~3.5	3.4~3.3	≤3.2
15	≥3.8	3.7~3.6	3.5~3.4	3.3~3.2	≤3.1
16	≥3.7	3.6~3.5	3.4~3.3	3.2~3.1	≤3.0
17	≥3.6	3.5~3.4	3.3~3.2	3.1~3.0	≤2.9
18	≥3.5	3.4~3.3	3.2~3.1	3.1~2.9	≤2.8
19	≥3.4	3.3~3.2	3.1~3.0	2.9~2.8	≤2.7

(2) 20m 曲线跑测试评分标准如表 0-4 所示。

表 0-4　20m 曲线跑测试评分标准

单位：s

年龄（岁）	分数				
	1	2	3	4	5
7	≥5.6	5.5~5.4	5.3~5.2	5.1~5.0	≤4.9
8	≥5.5	5.4~5.3	5.2~5.1	5.0~4.9	≤4.8
9	≥5.4	5.3~5.2	5.1~5.0	4.9~4.8	≤4.7

续表

年龄（岁）	分数				
	1	2	3	4	5
10	≥5.3	5.2~5.1	5.0~4.9	4.8~4.7	≤4.6
11	≥5.2	5.1~5.0	4.9~4.8	4.7~4.6	≤4.5
12	≥5.1	5.0~4.9	4.8~4.7	4.6~4.5	≤4.4
13	≥5.0	4.9~4.8	4.7~4.6	4.5~4.4	≤4.3
14	≥4.9	4.8~4.7	4.6~4.5	4.4~4.3	≤4.2
15	≥4.8	4.7~4.6	4.5~4.4	4.3~4.2	≤4.1
16	≥4.7	4.6~4.5	4.4~4.3	4.2~4.1	≤4.0
17	≥4.6	4.5~4.4	4.3~4.2	4.1~4.0	≤3.9
18	≥4.5	4.4~4.3	4.2~4.1	4.0~3.9	≤3.8
19	≥4.4	4.3~4.2	4.1~4.0	3.9~3.8	≤3.7

（3）20m 曲线运球测试评分标准如表 0-5 所示。

表 0-5　20m 曲线运球测试评分标准

单位：s

年龄（岁）	分数				
	1	2	3	4	5
7	≥10.8	10.7~10.2	10.1~10.6	9.5~9.0	≤8.9
8	≥10.1	10.0~9.5	9.4~8.9	8.8~8.3	≤8.2
9	≥9.5	9.4~8.9	8.8~8.3	8.2~7.7	≤7.6
10	≥9.0	8.9~8.4	8.3~7.8	7.7~7.2	≤7.1
11	≥8.6	8.6~8.0	7.9~7.4	7.3~6.8	≤6.7
12	≥8.0	7.9~7.5	7.4~7.0	6.9~6.5	≤6.4
13	≥7.8	7.7~7.3	7.2~6.8	6.7~6.3	≤6.2
14	≥7.6	7.5~7.1	7.0~6.6	6.5~6.1	≤6.0
15	≥7.4	7.3~6.9	6.8~6.4	6.3~5.9	≤5.8
16	≥7.2	7.1~6.7	6.6~6.2	6.1~6.7	≤5.6

年龄（岁）	分数				
	1	2	3	4	5
17	≥7.0	6.9~6.5	6.4~6.0	5.9~5.5	≤5.4
18	≥6.8	6.7~6.3	6.2~5.8	5.7~5.3	≤5.2
19	≥6.6	6.5~6.1	6.0~5.6	5.5~5.0	≤4.9

（4）60m 冲刺测试评分标准如表 0-6 所示。

表 0-6　60m 冲刺测试评分标准

单位：s

年龄（岁）	分数				
	1	2	3	4	5
7	≥15.1	15.0~14.6	14.5~14.1	14.0~13.6	≤13.5
8	≥14.1	14.0~13.6	13.5~13.1	13.0~12.6	≤3.8
9	≥13.2	13.1~12.7	12.6~12.2	12.1~11.7	≤11.6
10	≥12.4	12.3~11.9	11.8~11.4	11.3~10.9	≤10.8
11	≥11.7	11.6~11.2	11.1~10.7	10.6~10.2	≤10.1
12	≥11.1	11.0~10.6	10.5~10.1	10.0~9.6	≤9.5
13	≥9.8	9.7~9.5	9.4~9.2	9.1~8.9	≤8.8
14	≥9.5	9.4~9.2	9.1~8.9	8.8~8.6	≤8.5
15	≥9.2	9.1~8.9	8.8~8.6	8.5~8.3	≤8.2
16	≥8.9	8.8~8.6	8.5~8.3	8.2~8.0	≤7.9
17	≥8.6	8.5~8.3	8.2~8.0	7.9~7.7	≤7.6
18	≥8.3	8.2~8.0	7.9~7.7	7.6~7.4	≤7.3
19	≥8.0	7.9~7.7	7.6~7.4	7.3~7.1	≤7.0

（5）颠球测试评分标准如表0-7所示。

表0-7 颠球测试评分标准

单位：s

年龄（岁）	分数				
	1	2	3	4	5
7~8	1″~4″	5″~9″	10″~19″	20″~29″	30″~60″
9~10	3″~5″	6″~14″	15″~24″	25″~34″	35″~60″
11~12	8″~14″	15″~19″	20″~29″	30″~39″	40″~60″
13~14	10″~14″	15″~24″	25″~34″	35″~44″	45″~60″
15~16	15″~19″	20″~29″	30″~39″	40″~49″	50″~60″
17~18	20″~24″	25″~34″	35″~44″	45″~54″	55″~60″
19	25″~34″	35″~44″	45″~54″	55″~59″	≥60″

（6）柔韧性测试评分标准如表0-8所示。

表0-8 柔韧性测试评分标准

单位：cm

年龄（岁）	分数				
	1	2	3	4	5
7~8	1~2	3~5	6~9	10~13	14~25
9~10	1~3	4~6	7~10	11~14	15~25
11~12	2~4	5~7	8~11	12~15	16~25
13~14	3~5	6~8	9~12	13~16	17~25
15~16	4~6	7~9	10~13	14~17	18~25
17~18	5~7	8~10	11~14	15~18	19~25
19	6~8	9~11	12~15	16~19	20~25

（7）10 球击准测试评分标准如表 0-9 所示。

表 0-9　10 球击准测试评分标准

单位：射中次数

年龄（岁）	分数				
	1	2	3	4	5
7~9	1	2/3	4/5	6/7	8/9/10
10~14	1/2	3/4	5/6	7/8	9/10
15~19	2/3	4/5	6/7	8/9	10

（8）10m 2 球运球测试评分标准如表 0-10 所示。

表 0-10　10m 2 球运球测试评分标准

单位：s

年龄（岁）	分数				
	1	2	3	4	5
7	≥11.3	11.2~10.7	10.6~10.1	10.0~9.5	≤9.4
8	≥10.6	10.5~10.0	9.9~9.4	9.3~8.8	≤8.7
9	≥10.0	9.9~9.4	9.3~8.8	8.7~8.2	≤8.1
10	≥9.5	9.4~8.9	8.8~8.3	8.2~7.7	≤7.6
11	≥9.1	9.0~8.5	8.4~7.9	7.8~7.3	≤7.2
12	≥8.5	8.4~8.0	7.9~7.5	7.4~7.0	≤6.9
13	≥8.3	8.2~7.8	7.7~7.3	7.2~6.8	≤6.7
14	≥8.1	8.0~7.6	7.5~7.1	7.0~6.6	≤6.5
15	≥7.9	7.8~7.4	7.3~6.9	6.8~6.4	≤6.3
16	≥7.7	7.6~7.2	7.1~6.7	6.6~6.2	≤6.1
17	≥7.5	7.4~7.0	6.9~6.5	6.4~6.0	≤5.9
18	≥7.3	7.2~6.8	6.7~6.3	6.2~5.8	≤5.7
19	≥7.1	6.9~6.5	6.4~6.0	5.9~5.5	≤5.4

2. 不同年龄段测试项目的评分标准

7~19 岁球员主要测试项目评分标准分别如表 0-11~表 0-23 所示。

表 0-11 7 岁球员主要测试项目评分标准

项目	分数				
	1	2	3	4	5
柔韧性	≤0	1~4	5~9	10~14	≥15
爆发力	≤115	116~130	131~145	146~160	≥161
俯卧撑	≤0	1~2	3~4	5~6	≥7
腹肌	≤0	1~2	3~4	5~6	≥7

表 0-12 8 岁球员主要测试项目评分标准

项目	分数				
	1	2	3	4	5
柔韧性	≤0	1~4	5~9	10~14	≥15
爆发力	≤140	141~155	156~170	171~185	≥186
俯卧撑	≤1	2~3	4~5	6~7	≥8
腹肌	≤1	2~3	4~5	6~7	≥8

表 0-13 9 岁球员主要测试项目评分标准

项目	分数				
	1	2	3	4	5
柔韧性	≤0	1~4	5~9	10~14	≥15
爆发力	≤160	161~175	176~190	191~205	≥208
俯卧撑	≤2	3~4	5~6	7~8	≥9
腹肌	≤2	3~4	5~6	7~8	≥9

表 0-14　10 岁球员主要测试项目评分标准

项目	分数				
	1	2	3	4	5
柔韧性	≤0	1~4	5~9	10~14	≥15
爆发力	≤175	176~190	191~205	191~205	≥221
俯卧撑	≤3	4~5	6~7	7~8	≥10
腹肌	≤3	4~5	6~7	7~8	≥10

表 0-15　11 岁球员主要测试项目评分标准

项目	分数				
	1	2	3	4	5
柔韧性	≤0	1~4	5~9	10~14	≥15
爆发力	≤185	186~200	201~215	216~230	≥231
俯卧撑	≤5	6~7	8~9	10~11	≥12
腹肌	≤4	5~6	7~9	10~11	≥12

表 0-16　12 岁球员主要测试项目评分标准

项目	分数				
	1	2	3	4	5
柔韧性	≤0	1~4	5~9	10~14	≥15
爆发力	≤190	191~205	206~220	221~235	≥236
俯卧撑	≤7	8~9	10~11	12~13	≥14
腹肌	≤6	7~8	9~11	12~13	≥14

表 0-17　13 岁球员主要测试项目评分标准

项目	分数				
	1	2	3	4	5
柔韧性	≤0	1~4	5~9	10~14	≥15
爆发力	≤195	196~210	211~225	226~240	≥241
俯卧撑	≤9	10~11	12~14	15~16	≥17
腹肌	≤8	9~10	11~13	14~15	≥16

表 0-18　14 岁球员主要测试项目评分标准

项目	分数				
	1	2	3	4	5
柔韧性	≤0	1~4	5~9	10~14	≥15
爆发力	≤200	201~215	216~230	231~245	≥246
俯卧撑	≤12	13~14	15~17	18~19	≥20
腹肌	≤10	11~12	13~15	16~17	≥18

表 0-19　15 岁球员主要测试项目评分标准

项目	分数				
	1	2	3	4	5
柔韧性	≤0	1~4	5~9	10~14	≥15
爆发力	≤205	206~220	221~235	236~250	≥251
俯卧撑	≤15	16~17	18~20	21~22	≥23
腹肌	≤12	13~14	15~17	18~19	≥20

表 0-20　16 岁球员主要测试项目评分标准

项目	分数				
	1	2	3	4	5
柔韧性	≤0	1~4	5~9	10~14	≥15
爆发力	≤210	211~225	226~240	241~255	≥256
俯卧撑	≤18	19~20	21~23	24~25	≥26
腹肌	≤14	15~16	17~19	20~21	≥22

表 0-21　17 岁球员主要测试项目评分标准

项目	分数				
	1	2	3	4	5
柔韧性	≤0	1~4	5~9	10~14	≥15
爆发力	≤215	216~230	231~245	246~260	≥261
俯卧撑	≤21	22~23	24~26	27~28	≥29
腹肌	≤16	17~18	19~21	22~23	≥24

表0-22　18岁球员主要测试项目评分标准

项目	分数				
	1	2	3	4	5
柔韧性	≤0	1~4	5~9	10~14	≥15
爆发力	≤220	221~235	236~250	251~265	≥266
俯卧撑	≤24	25~26	27~29	30~31	≥32
腹肌	≤18	19~20	21~23	24~26	≥27

表0-23　19岁球员主要测试项目评分标准

项目	分数				
	1	2	3	4	5
柔韧性	≤0	1~4	5~9	10~14	≥15
爆发力	≤225	226~240	241~255	256~270	≥271
俯卧撑	≤27	28~29	30~32	33~37	≥35
腹肌	≤20	21~23	24~26	27~29	≥30

(四) 选材测试标准说明

1. 屈体直腿下够

该项测试用于测试队员大腿后侧肌肉柔韧性及脊柱的伸拉性，适应于各个年龄段的队员。测试工具：具有平面边缘的长凳，长凳边缘垂直放置50cm的直尺，上下各25cm。测试方法：测试队员赤脚站在长凳上，两脚间隔一拳，脚尖与长凳垂直边缘对齐，膝关节垂直绷紧，屈体下够，手指在所及处停留3s，记录数据。每人测试两次，记录最好成绩。

2. 立定跳远

该项测试用于测试队员爆发力及腿部、腰部力量，适应于各个年龄段的队员。测试工具：皮尺和直尺。测试方法：测试队员站在踏板上（踏板高为2~3cm），脚尖稍超出踏板，两脚与肩同宽，半蹲摆臂将身体跃起，落地后不能移动。测量拖后脚脚跟到踏板的距离并做记录，每人测试两次，记录最好成绩（队员穿胶鞋或无钢钉足球鞋）。

3. 俯卧撑

该项测试用于测试队员的上肢力量，适应于各个年龄段的队员。测试方法：测试队员胸部着地，双手撑地与肩同宽，脚尖触地，身体绷直，两手用力撑起身体，一上一下为一次，用尽力气为止。记录次数，队员只做一次。

4. 腹肌测试

该项测试用于测试队员的腹肌力量，适应于各个年龄段的队员。测试工具：30~40cm 高度的长凳。测试方法：测试队员坐在高度为 30~40cm 的长凳一端，另一名队员压腿，测试队员双手颈后握棍，身体上部向下至双肩着地后，再收腹起，一上一下为一次，做到无力为止。每人测试一次。

5. 20m 带球过杆

该项测试用于测试队员的协调性及速度，适应于各个年龄段的队员。测试工具：草皮场地、8 根标志杆（20m 内直线插 8 根标志杆，第一、二两根标志杆相距 2m，其他相距 3m），测试队员穿足球鞋。测试方法：测试队员高站姿，脚下持球站在测试起点的第一根标志杆一侧，要求在尽快时间内折线带球通过标志杆，测试队员第一次触球开始计时，通过最后一根标志杆时计时停止。测试两次，记录最好成绩。

6. 20m 无球过杆

该项测试主要用于测试队员的协调性和速度，适应于各个年龄段的队员测试工具：同 20m 带球过杆。测试方法：测试队员高站姿站在测试起点的第一根标志杆一侧，要求在尽快时间内折线跑动通过标志杆，测试队员听口令跑动开始，同时计时开始，通过最后一根标志杆时计时停止。测试两次，记录最好成绩。

7. 20m 直线冲刺

该项测试主要用于测试队员的启动速度、协调性、爆发力和跑动技术，适应于各个年龄段的队员。测试工具：草皮场地、20m 距离两根标志杆、足球鞋。测试方法：测试队员运用站立式起跑方法，听到信号后起跑，同时开表计时，队员快速通过终线时停止计时。测试两次并记录最好成绩。

8. 60m 冲刺

该项测试主要用于测试队员的基本速度，适应于各个年龄段的队员。测试工具：草皮场地、足球鞋、60m 距离两根标志杆。测试方法：测试队员运用站立式起跑方法，听到信号后起跑，同时开表计时，队员快速通过终线时停止计时。测试两次并记录最好成绩。

9. 特殊耐力

该项测试主要用于测试队员的特殊速度耐力，适应于各个年龄段的队员。测试工具：草皮场地、足球鞋、距离15m 两根标志杆。测试方法：口令后计时，测试队员站立式跑动开始，在规定的 30~90s 测试时间内，在尽可能多的两根标志杆中间来回跑动（要求触摸标志杆），记录跑动距离。根据不同的年龄段，确定测试跑动时间，每人测试一次。

10. 10m 带球（两球）过杆

该项测试主要用于测试队员的协调性和技术，适应于各个年龄段的队员。测试工具：草皮场地、足球鞋、10m 内直线平均排列 5 根标志杆。测试方法：测试队员站立式姿势开始测试，脚下持两球跑动开始时开表，折线运球通过最后一根标志杆时停表，时间记录精确到小数点后 3 位数，测试两次并选取最好成绩。

11. 20m 快速带球

该项测试主要用于测试队员的快速带球能力，适应于各个年龄段的队员。测试工具：草皮场地，20m 距离分为 3m 和 17m 两段。测试方法：测试队员听口令后带球开始，同时计时，要求前 3m 内至少触球 2 次，后 17m 内至少触球 6 次，人球通过终点计时停止，测试记录到小数点后 3 位。测试两次，记录最好成绩。

12. 各部位颠球

该项测试主要用于测试队员的球性和基本技术，适应于各个年龄段的队员。测试工具：直径3m 的圆形区域。测试方法：测试队员手持球站在区域内，抛球落地开始颠球，球与身体接触开始计时，测试队员不能出区域，每次颠球必须换不同的部位，若连续使用同一部位，则测试停止，连续颠球达到 60s 停止。测试两次，记录最好成绩。

13. 10 个球踢准

该项测试用于测试队员的踢球准确性和球性，适应于各个年龄段的队员。测试工具：1m×1m 小门、直线摆放 10 个球。在距离球 3m 位置立一根标志杆，在距离球 10m 位置放置小球门。测试方法：测试队员连续射门，间隔一个球绕标志杆跑动一圈，左脚 5 球，右脚 5 球，记录成绩。

14. 精准射门

该项测试用于测试队员的准确射门技术，适应于各个年龄段的队员。测试工具：带有号码的球门。测试方法：测试队员在距离球门 20m 的位置等待，测试开始后球员运球到 16m 位置时，运动中将球踢出，禁止踢地滚球。若球击中得分点中线，记录得分。每人测试 5 次，可以提前试测一次。另一种方法：将球放 16m 位置处，无球跑动后射门。

15. 头球射门

该项测试用于测试队员的头球射门能力，适应于各个年龄段的队员。测试工具：带有号码的球门。测试方法：距离测试球门 9m 画线，队员站在线后 4~5m 处，辅助队员手抛球，测试队员头球攻门。

16. 快速击球

该项测试用于测试队员的快速反应能力及击球技术，适应于各个年龄段的队员。测试工具：平面墙。测试方法：距离测试墙 50cm，队员双脚连续快速击球，20s 内记录击球次数。

三、球员饮食指南

青少年球员有特殊的营养需要。由于球员的运动量较大，他们一般需要额外的热量来满足运动量的增加及生长发育需要。根据体力活动水平，青少年球员每天需要 2000~5000kcal（1kcal＝4.184kJ）的热量以适应他们的能量需求。如果青少年球员热量摄入不足会有什么影响呢？他们的身体难以达到最佳状态，甚至会阻碍肌肉的生长；另外，热量摄入不足也会使球员难以达到他们应有的速度和力量水平。

（一）球员所需能量物质简介

青少年球员要吃各种不同的食物。碳水化合物是燃料的重要来源，但它们只是球员需要的众多食物中的一种。为了保证最佳状态，球员还需要补充维生素、矿物质、蛋白质、糖和脂肪等物质。

1. 矿物质和维生素

钙帮助打造强健的骨骼，而铁运送氧到肌肉。为了摄入一定量的铁，可以多

吃瘦红肉（没有太多脂肪的肉），强化铁的谷物及绿叶蔬菜。钙可以预防骨折，钙在奶制品中含量很高，譬如低脂牛奶、酸奶及乳酪。除钙和铁之外，青少年球员也需要大量其他的维生素和矿物质，以存储能量或增强抵抗力。青少年球员可以从水果和蔬菜中获取维生素和矿物质来满足健康身体和运动成绩的需要。

2. 蛋白质

一些球员想通过摄取大量蛋白质来构建强大的肌肉，这种做法是不妥的。肌肉生长不仅需要食物提供的能量和物质，还需通过规律训练和重体力工作。摄入过多蛋白质实际上会危害身体，造成脱水、钙的丢失甚至导致肾脏问题。优质蛋白质的来源有鱼、瘦肉和家禽、蛋、奶制品、坚果、大豆和花生酱。

3. 糖

碳水化合物能够为球员提供优质的能源。对于球员而言，不应该减少糖的摄入或采用低糖膳食，因为限制碳水化合物的摄入可能导致疲劳，最终影响运动成绩。营养专家建议人们多选择全谷物（如棕米、燕麦粥、白薯、全麦面包及玉米和豌豆等淀粉类植物），少吃加工过的食物，如白米和白面包。因为全谷物既能给球员提供能量，还能提供纤维素和其他营养素。一般来说，含精制糖的碳水化合物，如棒棒糖或苏打饼干就不适宜球员食用。因为，在训练前或赛前吃棒棒糖或其他含糖零食，将使球员快速产生能量，然后在全程结束前快速回落，影响球员水平的发挥。

4. 脂肪

每个人每天都需要摄入一定量的脂肪，特别是运动员。因为运动中的肌肉通过碳水化合物快速燃烧，而脂肪则长期持续地提供能量。球员应选择健康的脂肪，如不饱和脂肪酸。对球员来说，在合适的时间摄入脂肪也是非常重要的。油腻食物会减慢消化速度，因此在运动前后数小时内要避免吃这些食物。

5. 水

水分和食物一样，对提高球员的比赛能力十分重要。运动中出汗过多，很容易引发头疼脑热和疲劳甚至脱水，这都会影响运动员的身体和心理状态。每人需要的水分取决于他的年龄、体积、体力活动水平及环境温度。专家推荐运动员在运动前后和在运动期间每隔15~20min补水。一般来说，多数运动员在运动前需要1~2杯水，在运动中每15~20min需要半杯到1杯水。注意不要喝过量的水，避免行动受到阻碍。

球员也可以喝运动饮料，但避免喝碳酸饮料或高糖果汁。

6. 咖啡因

含有咖啡因的饮料，如一些软饮料、茶和咖啡会导致脱水。过多的咖啡因可能使运动员兴奋或战栗，也可能导致失眠。另外，服用某些药物会使咖啡因的副作用更明显。

（二）比赛当天的饮食

专家建议在大强度运动后补充碳水化合物和蛋白质，促进能量储存并加速恢复。运动后可以服用运动饮料或一些水果，几小时后再享用包括各种食物的平衡膳食。

比赛当天，球员应该努力遵循富含碳水化合物、适量蛋白质和低脂肪的食谱。以下是饮食指南：

（1）比赛前 2~4h 吃一顿正餐：低纤维水果或蔬菜（如果汁、李子、瓜类、樱桃或桃子）、蛋白质、碳水化合物相结合的膳食。

（2）比赛前 2h 内吃一顿快餐：如果赛前没有时间吃饭，可以食用薄脆饼干、百吉卷或低脂酸奶等快餐。

避免在比赛或训练前 1h 吃任何东西，因为消化需要能量，而且运动前进食会使你有饱足感、胃发胀且不舒服。球员可以对用餐时间和训练日的进食量进行试验，这样便能更好地为比赛日做准备。

（三）职业球员一天饮食推荐

早餐：一杯牛奶，一个全麦面包。间点是水果。

午餐：面食，用橄榄油、盐拌好的蔬菜沙拉，牛肉，水果，通心粉，鱼，水煮鸡肉，一杯意大利浓咖啡。

晚餐前：一个苹果或者一个桃子。

晚餐：蔬菜沙拉和牛肉，一杯意大利浓咖啡。晚上睡觉前补充一些水果。

（四）饮食注意事项

多喝新鲜果汁，尤其是橙汁；多饮用瓶装矿泉水。

食用油最好用橄榄油，调味品尽量少使用酱油、味精、陈醋。

新鲜蔬菜每餐必吃。肉类多选海鱼和牛肉。减少米饭使用量，多吃通心粉、全麦面包。

意大利浓咖啡是帮助消化的佳品，禁止饮用速溶咖啡。

上　篇

——初级阶段

第一章 ▶ Chapter 1

初级阶段训练理念及规划

第一节　初级阶段年度训练计划

初级阶段定义在 6~12 岁年龄段。在该阶段，队员具有了一定的经验和初步足球基础。教练员在足球训练和教学中经常会遇到类似下面的问题：①如何认识足球运动员身体成长的规律问题；②如何利用先进的训练增强队伍的战斗力；③如何编制年计划、训练周计划及课时的训练内容；④如何评定训练效果和评估运动负荷等。要解决以上问题就要遵循以下原则：第一，以前是把技战术和素质训练割裂开来进行，而现今的训练把以上各项要素融合在一起进行。第二，训练是为比赛做准备的。训练的质量、数量应该按比赛的特点来要求。例如，力量体能的要求为短时爆发能力和长时重复能力两个方面；对技术的要求为在强防守下的快速技术随机应变能力；对战术的要求为球员和球队之间既要有既定的战术思想，也要有应变的多种准备。

科学的训练计划是高效率足球训练的前提和基础，在训练计划的制订过程中，经常涉及且非常重要的是年度训练计划。在编制年度训练计划时第一步要制订球队年度目标。

一、初级阶段年龄段的特点

初级阶段年龄段的特点如下：

（1）该阶段队员能够按照初级的逻辑判断思考，有一定的经验。

（2）该阶段队员还不会改变角度或是站在他人的立场上思考问题，认为每一细节都是同等重要的。

（3）该阶段队员还无法长时间集中精力，很容易分心，一次不能接受太多指令和掌握太多信息。

（4）该阶段也被称为"帮派年代"，该阶段队员希望能得到同性伙伴的认同，也希望属于某个集体。有时还会组建具有相同爱好的带有封闭性、排他性的团体。

（5）该阶段队员将会通过多种运动锻炼身体的协调性，会在踢球的过程中学会一些基础技术。

（6）该阶段队员会具有越来越强的创造欲和求知欲，开始理解比赛，需要提高解决问题的能力。

二、制定年度训练目标需明确的细节

在制定年度训练目标时必须明确以下细节：

（1）队员已经练就的技战术和心理智能状况。

（2）了解每周训练的天数和次数。

（3）短期、中期和长期的个人、集体目标。

三、制定训练目标涉及的内容

制定训练目标应考虑以下几个重要的方面：

（1）规划目标要有一定的趣味性，提高队员训练的积极性。

（2）提高身体素质和技能，培养在强防守下随机应变的能力。

（3）开始懂得比赛的基本观念和原理，寻找心目中的足球榜样。

（4）运用技术时发挥想象力。

（5）增强灵活性，节奏感要强。

（6）左右脚反复练习，所有队员能尽早地均衡使用左右脚，比赛中可以有更多的选择。

（7）提高运动比赛的能力及发现问题并解决问题的能力，比赛过程中要懂得负责任。

（8）增强动作自动化能力，提高随机调整技术行为的能力。教练员应该注意不要要求队员在一段时间内掌握所有的动作，而是在一段时间使某个技术动作达到特定水平，逐步地达到完美。

每名队员都对比赛的胜利至关重要，比赛时要重点体现战术思想。在训练过程中，体能是最容易提高的。但是，体能的训练必须是科学的、长期的。该年龄段训练的重点是提高灵敏性、协调性和进行一些基础的速度练习。

四、训练阶段划分

以上各方面的训练都应达到规定标准，不能为了比赛成绩优先发展队员的某些素质，而忽略其他方面的发展。因此，体能的训练是一个长期的过程。为了让队员感受比赛的节奏，在两个月的时间内，每周至少安排一场比赛。一般说来，训练分成以下几个时期。

1. 准备期

这个时期很重要，它将决定后面几个时期的训练效果。一般情况下，这一时期持续 40~45 天，并且可以分成几个更短时间的小周期。

第一个 10 天：进行体能储备，重点训练柔韧性、灵敏性、协调性和个人技术，并在有球的情况下进行有氧耐力训练。

第二个 10 天：重点改善体能状况，进行足球专项练习，主要涉及协调性、灵敏性、个人技术、集体对抗，形成队伍整体风格和战术思想。

第三个 10 天：足球专项准备，主要提高短距离快速奔跑能力和技术的熟练性，增强位置意识和团队作战意识。

最后 15 天：比赛节奏的训练准备，重点提高灵活而合理的移动能力和对抗能力，为比赛做好准备。

在这一时期，教练员至少要安排 6 场比赛。对手的实力逐步提高，但是最后一场对手的实力相对弱些，这样，队员可以将前一阶段训练的水平发挥出来，取胜后可以增强队员的自信心，使队员以良好的精神状态进入下一阶段。

2. 比赛期

这个时期也很重要，在制订计划时要考虑两个因素：集体的能力和个人的能力。教练员在训练过程中要整体协调并区别对待，使所有队员都公平协调发展。但是要注意以下几点。

（1）训练量要下降，但要保持基本量，在两次大运动量训练之间要有间歇，使队员有恢复调整的时间；输球后不宜安排强度训练，而是针对比赛中出现的问题进行技战术训练。

（2）对技术的要求更高。

（3）所有的训练队员都要全力以赴，在 3 周的训练后，要有 1 周的积极性恢复。教练员每周要安排一场比赛。

3. 过渡期

这一时期的持续时间不宜过长或过短。年度训练周期表示例和初级阶段年度训练计划表示例分别如表 1-1 和表1-2所示。

表 1-1　年度训练周期表示例

学期	上学期			下学期		
月份	8~9 月	10~11 月	12 月至次年 1 月	3~4 月	5~6 月	7 月
周期	准备期	比赛期	过渡期	准备期	比赛期	过渡期
训练内容	（1）全面发展一般身体素质，提高专项灵敏和协调等能力（2）改进提高活动中运控球、传接球等技术（3）提高 1~4 人的局部攻防配合能力（4）加强对抗性练习，逐渐提高训练强度，保持最佳竞技状态	（1）进行一般性身体训练，提高专项速度和专项耐力（2）提高运控球、传接球、射门技术及位置技术（3）提高个人、局部攻防配合能力（4）调节队员的竞技状态，改进技术，完善战术配合	（1）前两周调整，减少运动量，保持运动强度（2）后 6 周冬训：①全面发展一般身体素质，提高专项身体素质；②提高传、接、运、射技术组合能力，提高个人、局部攻防配合能力，增强战术意识	（1）全面发展身体素质，重点训练速度和灵敏性（2）加强对抗性练习，提高传、接、运、射等技术，提高对抗条件下的技战术运用能力（3）提高以多攻少和以少防多能力	（1）保持一定的身体和技术训练（2）提高传、接、运、控、射等技术，提高位置技术和无球跑动能力（3）提高二过一等基本配合能力（4）通过比赛检验训练效果，促进训练水平的提高	（1）进行适量的身体及技战术训练，调节身心，促进恢复（2）进行身体和基本技术测试（3）进行年度训练总结

续表

学期		上学期			下学期		
月份		8~9月	10~11月	12月至次年1月	3~4月	5~6月	7月
周期		准备期	比赛期	过渡期	准备期	比赛期	过渡期
内容安排比例	一般身体训练	20%	10%	35%	15%	10%	40%
	专项身体训练	20%	20%	20%	25%	20%	20%
	技术训练	40%	35%	30%	40%	35%	30%
	战术训练	15%	20%	10%	15%	20%	10%
	比赛	8%~10%	15%~20%	5%~6%	8%~10%	15%~20%	
负荷水平	负荷量	85%~95%	60%~70%	40%~80%	95%~80%	70%~80%	40%
	负荷强度	55%~90%	90%~95%	40%~80%	50%~85%	80%~100%	35%

表1-2　初级阶段年度训练计划表示例

月份	身体训练	技术训练	战术训练
2月	熟练、巩固、提高上一学期训练内容		
3月	下肢小力量；柔韧性、灵敏性	颠球及拨、拉、挑、扣技术	多形式2对2练习
4月	综合素质练习；变向、变速跑；柔韧性、灵敏性	各种假动作过人技术	多形式3对3练习
5月	综合素质练习；下肢小力量；柔韧性、灵敏性	对抗下变速变向过人	多形式2对3练习
6月	结合球的速度练习；下肢小力量	对抗下假动作过人射门组合技术	多形式4对4攻防练习
7~8月	协调性、柔韧性；上肢小力量；结合球有氧耐力	3人配合射门练习	多形式7对7练习
9月	熟练、巩固、提高上一学期训练内容	4~5人一组抢球、断地滚球练习	熟练、巩固、提高上一学期训练内容
10月	反应速度，动作速度；下肢小力量	长传球衔接接控球练习	多形式4对4练习
11月	柔韧性、灵敏性；结合球有氧耐力	传接空中球衔接射门练习	多形式5对5练习
12月	室内体操；上、下肢小力量	正面、侧面抢截球练习	多形式8对8练习

第二节 初级阶段周训练计划

在初级阶段周训练计划中，比赛尽量安排在周六、日。周训练计划应围绕比赛日确定训练的内容。一般在比赛后的第一、二天进行有氧训练；第三、四天进行大强度的训练；在赛前的倒数第二天进行恢复调整，赛前一天进行准备。

一、初级阶段周训练计划的组织方式

初级阶段周训练计划的组织方式示例如图 1-1 所示。

第13周训练目标（03.30—04.05）												
U11	大周期2-建立		中周期4-比赛			微周期-14			两人一组的比赛			
战术方面 技术方面		拉开		接应队友			压缩距离			协防		
		短传-带球					二过一后射门					
周一	3月30日	周二	3月31日	周三	4月1日	周四	4月2日	周五	4月3日	周六	4月4日	周日 4月5日
	13H45		14H30		14H30		14H30		14H30		14H30	
第一项		第一项		第一项		第一项		第一项		第一项		
20	讲解周目标		上课	20	协调性		其他活动	20	游戏	20	基本技术	
30	基本技术1、传接球技术			30	基本技术传接球技术		灵敏、协调	30	基本技术、传接球技术	15	协调性	
第二项		第二项		第二项		第二项		第二项		第二项		休息
20	小场地比赛-有场内接应5：3控球		上课	20	小场地比赛-有场外接应2：2加接应		技巧、技术	20	小场地比赛-有场外接应2：2加接应	60	比赛1-2-3-1VS 1-2-3-1	
30	小场地比赛-有门4：4小场比赛			30	小场地比赛-有门4：4加接应比赛			30	比赛-有门，7：7比赛，			
第三项		第三项		第三项		第三项		第三项		第三项		
20	游戏			5	牵拉			5	牵拉			
120				105				105				
休息		休息		休息		休息		休息		休息		休息

图 1-1 初级阶段周训练计划的组织方式示例

1. 战术

周训练初期，可以先设置一些简单的战术练习，然后逐渐增加战术的复杂性。

2. 技术

周训练初期以非对抗性技术练习为主，目的是提高练习的质量。周训练末期以对抗性技术练习为主，目的是提高队员的竞争意识、速度和强度。

3. 体能

周训练初期应该首先安排伤病恢复和提高，周训练中期以提高耐力为主，周训练末期以提高速度为主。

二、初级阶段周训练规划

初级阶段周训练规划示例如图 1-2 所示。

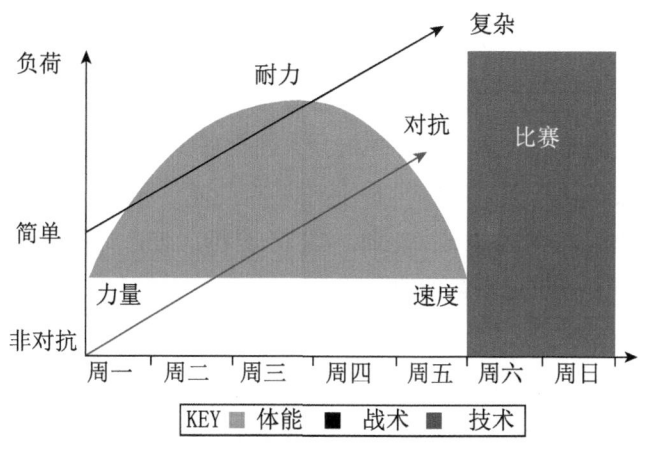

图 1-2 初级阶段周训练规划示例

三、初级阶段周训练内容

初级阶段周训练的目标是提高队员的局部攻防能力，训练时间为 90min，具体的内容安排如表 1-3 所示。

表 1-3 初级阶段周训练内容示例

项目	周一	周二	周三	周四	周五	周六	周日
体能	灵敏性、协调性	灵敏性、位移速度	休息	灵敏性、协调性、速度练习	游戏	7 对 7 比赛	休息
技术	脚内侧、脚背正面传接球	运控球技术			传接、运控球练习		
战术	3 对 2 攻守	2 对 3 攻守			3 对 3 攻守		
比赛	有球门4 对 4	有球门4 对 4		有球门4 对 4	有球门4 对 4		

第三节　初级阶段年度训练内容安排

一、教练员在初级阶段训练中的注意事项

（1）教练员不能只重视胜负，更要传达给队员足球的乐趣。

（2）教练员要不怕失败，多次挑战。

（3）教练员应把重点放在队员能力的培养上。

（4）教练员要给所有队员比赛的机会，还要根据队员能力组织队伍。为此，需要树立公平意识。

（5）这一年龄段不用考虑男女差别，可以有男足、女足、混合足球等多种形式。

（6）教练员要养成公平竞争的习惯。

（7）教练员要做好榜样。

（8）教练员思维要开放。

（9）队员至上。在出现问题时，教练员要基于这一点思考问题

（10）教练员应注意培养和交流的方式，使队员的才能发挥出来。

初级阶段训练内容示例如图1-3所示。

图1-3　初级阶段训练内容示例

二、初级阶段年度训练内容

初级阶段年度训练内容如表 1-4 所示。

表 1-4　初级阶段年度训练内容

项目	技术	战术	体能	心理
任务	发展基本足球技术，提高组合技术能力	加强局部区域战术协调并在比赛中融会贯通	培养场上有球、无球情况下的行动习惯，提高身体功能及协调性	促进队员互相鼓励，提高团队士气
内容	①拨拉挑扣等球性 ②变相变速运球 ③运球假动作过人 ④各种接控球 ⑤传接球及射门组合 ⑥1对1攻防	①进攻战术 ②防守战术 ③控球战术 ④比赛基本位置及移动 ⑤小场地比赛	①平衡、协调 ②反应 ③柔韧、灵敏 ④有球移动 ⑤无球移动	①兴趣 ②合作 ③运动员精神 ④勤奋 ⑤规则意识

三、初级阶段年度训练课时安排

如何对队员进行正确的教育？在技能学习阶段，教练员应该注重给队员的技术打下坚实的基础。比赛中的表现与基本功的培养息息相关，也就是说该阶段的能力培养将会影响队员在未来比赛中的表现。

初级阶段年度训练课时安排如表 1-5 所示。

表 1-5　初级阶段年度训练课时安排

指标	训练量	指标	训练量
训练周数	43 周	每月训练总时间	1700~1850min
每周训练次数	5 次	全年训练总时间	19000min 左右
每课训练时间	85~90min	全年训练总时间	310h
每周训练总时间	425~450min	全年进行的友谊赛	25 场

四、初级阶段一般训练结构

初级阶段一般训练结构如表1-6所示。

表1-6　初级阶段一般训练结构

项目	热身	趣味游戏	主要技战术练习	比赛	放松
训练时间	10min	10min	20min	30min	15~20min
训练内容	一人一球、脚底拖拉球、停球、带球转身、热身式拉伸放松	贴标签游戏或抓人游戏，让队员感到训练的快乐	示范要领解释，大量反复练习，教练员要及时纠正错误技术动作	两小门，带守门员的3对3、4对4、5对5、6对6、7对7、8对8；4个小门，带守门员的2对2等	和队员聊天，并收拾训练装备和器械，约定下次训练时间

初级阶段训练指导

初级阶段的球员可以练习一些实用的足球技术，如用脚背射门、用脚内侧传球、跨球动作、假动作、快速转身等。

教练员应让球员在人数少的对抗比赛当中运用一些基本的技战术；要尊重并鼓励球员，激发他们对足球的热情。球员应加深对足球的认识，认识到防守的重要性及团队配合的必要性，对场上不同位置的职责有所了解。但是，教练员不能过多限定球员在场上的位置，要多支持他们变换位置。

第一节　初级阶段技战术培养

一、技术培养

青少年球队的教练员应该安排更多的时间用于技术训练，而用较少的时间进行战术训练。因为良好的技术会使战术训练更具成效，会训练出一批能力较强的球员。

教练员在传授一项技术时，务必让球员进行大量的重复性练习。如果条件允许，则尽量以对抗比赛或挑战的方式进行训练。

二、战术的培养

如果球员没有必要的基础和准备工作，那么日后就难以将学习的战术运用到比赛当中。教练员应根据球员的特点和特长选用合适的阵型，因为青少年球员的理解能力和思维能力还处于初级阶段。对于初级阶段的球员来讲，一切必须从技能培养入手。没有一定的技能基础，球员就难以发挥出应有的水平，更难以适时做出准确的判断。技能和技术有助于球员能力的发挥，而战术则决定打法及其

效果。

初级阶段基本战术培养要点：①注重个人控球能力；②充分利用脚的不同部位；③练习一些基本打法；④进行一些需要动脑的小型比赛；⑤提高少人数配合能力和每个人的技战术；⑥增强技战术基础和个人 1 对 1 能力。

有些球员由于成熟较早和前期训练较有成效，也可以进行更高层次的训练。但教练员不能以球员的成熟程度为理由而越过最基本的训练。当球员达到一定程度时可进行更复杂更高层次的训练。例如 11 岁的球员，在 2 人配合还比较糟糕的情况下，就让他进行 5 人战术配合是不妥的。

第二节　初级阶段攻防技术要求

所有的训练计划，不论年龄段，都应围绕分组比赛而进行。教练员可以利用相似的简单练习来传授不同的足球知识，可以做简单的变化如场地大小、队员人数和允许最多触球次数等。任何一场比赛都可能存在 1 对 1 的对抗，不要忽视局部对抗的重要性。局部对抗提供了运用技术要素的机会，同时也可以使队员不断地改变攻防角色。在进行局部对抗比赛时，教练员应鼓励防守队员重点练习一些适合年龄段的攻防技术。

一、防守技术

主要的防守技术如下：

（1）纵览全局，明确防守密集区和无人防守区，根据某一时刻球的位置、进攻队员的位置和自己的站位对球进行保护。

（2）依据防守队员的移动路线、球的位置和可能接球队员的移动路线来规划自己的防守策略。

（3）使用正确的防守技巧，当进攻队员控球时，进行紧逼防守，阻止其朝球门转身，做假动作及适当的铲断以获得高空球。

（4）得球后马上进入进攻角色。

（5）在进攻队员紧逼之下没有足够的时间和空间来更好地处理球时，可以把球破坏掉。

二、进攻技术

主要的进攻技术如下：

（1）得球后马上进入进攻状态。

（2）积极跑动空当，尤其是在中场，创造传球路线。

（3）即使是在对方紧逼下也要保护球。

（4）可以通过虚晃或假动作创造进攻空间。

（5）前锋间的技战术配合尤为重要，但要以场上所有队员的配合为基础。

（6）得球后朝球门快速跑动。

（7）采用优秀的头球技术（在空中射门或传球）。

第三节　初级阶段体能训练指导

现代竞技足球运动的一个重要特征就是要求球员不断掌握先进的技战术，而掌握先进的技战术离不开决定足球运动能力的主要因素——力量、速度、耐力、灵敏、柔韧等的发展水平。初级阶段应以发展灵敏素质、柔韧素质、速度素质为主，以发展其他素质为辅。现代体能的概念内涵更丰富，外延更宽泛。

一、灵敏素质训练

灵敏素质是一种综合素质，它与人对空间定位和对时间感觉的能力有关，也与速度和力量有关。足球运动中各种复杂多变的动作，如带球过人、变换速度和方向等动作都需要有很好的灵敏素质，而初级阶段是发展灵敏素质的最佳时期。

二、柔韧素质训练

柔韧素质是指人体关节在不同方向上的运动能力及肌肉韧带等软组织的伸展能力。柔韧素质的提高对完成短时间的快速动作至关重要，还能增强运动的灵活性和稳定性，足球运动中有许多动作是短时间内完成的，所以柔韧素质的提高对足球运动是十分重要的。青少年时期是训练柔韧素质的较好时期，年龄越大，则越难训练。训练柔韧性的主要方法有爆发式（骤然拉长）和慢张力法（静力性拉长）两种。

三、速度素质训练

速度素质是指人体进行快速运动的能力，在运动中表现为反应速度、动作速度及周期性运动的位移速度。对足球运动员而言，3 种速度都具有，但位移速度最多。跑动速度取决于步频和步长两个变量，肌肉放松能力的增强能显著提高跑速，而肌力大小、髋关节柔韧性与下肢长度决定步长，所以要有针对性地训练下肢肌肉力量和髋关节的柔韧性来提高速度。

四、各项身体素质发展的敏感期

实战能力的发展并不是一个均衡的过程，有时较快，有时缓慢，而且有一段时期相当迅速。

依个体生物发展的常理，在一定的时期内，每个球员的能力可以通过有针对性的、负荷适当的训练提高。体能发展最迅速的这段时期被称作"敏感期"。对于某些体能单项而言，敏感期出现较早，终结也早。例如，速度发展的敏感阶段开始于 5 岁，8 岁是高峰期，12 岁停滞，也就是说，12 岁以后再进行速度训练，提高的幅度是有限的。年轻球员系统的训练必须循序渐进。每个球员的个体发展水平会直接影响训练课的目标和方法。

在整个球员生涯中，必须进行速度训练。每个体能单项都有它自身的敏感期，只有在适时、适量、适龄的情况下，才能使自身的实战能力达到最佳水平。

各项身体素质发展的敏感期如表 2-1 所示。

表 2-1　各项身体素质发展的敏感期

年龄（岁）		1	2	3	4	5	6	7	8	9	10	11	12	13	14	15	16	17	18
速度	反应速度					■	■	■	■	■	■	■							
	运动频率					■	■	■											
	个人运动速度								■	■	■	■	■						
	加速跑								■	■	■	■	■						
	最高速								■	■	■	■	■						

续表

年龄（岁）		1	2	3	4	5	6	7	8	9	10	11	12	13	14	15	16	17	18
耐力	有氧的												■	■	■	■			
	无氧的													■	■	■			
爆发力	速度								■	■	■	■	■	■	■	■			
	力量								■	■	■	■	■	■	■	■			
柔韧度	被动的		■	■	■	■													
	主动的								■	■	■	■	■						
身体协调								■	■	■	■	■	■						
运动技能	第一阶段								■	■	■	■	■						
	第二阶段																■	■	

第三章 ▶ Chapter 3

初级阶段准备期实践课

一、多部位颠球

多部位颠球训练示例如表 3-1 所示。

表 3-1 多部位颠球训练示例

年龄：6~12 岁	主题：多部位颠球		时间：90min
目标：增强球感，提高控球能力			
示例			

热　　身：多部位自由颠球。 **场地器材**：平整场地 1 块，足球若干。 **组织方法**： （1）场上队员运用脚内侧、脚外侧及脚背正面等多个部位轮流颠球。 （2）练习熟练后，每名队员在规定的区域内用多个部位自由颠球。 **指导要点**： （1）颠球时要全神贯注，保证脚的触球部位准确，踝关节要保持适度紧张。 （2）要做好各部位颠球的衔接动作并及时调整身体重心。	
活　动 1：倒退颠球。 **场地器材**：足球若干，起始线距终点线 10m。 **组织方法**： （1）5 人一组，练习队员站在起始线处背对终点线。 （2）听到教练员口令后，队员从起始线开始倒退颠球，到达终点线后转身继续倒退颠球返回起点线。	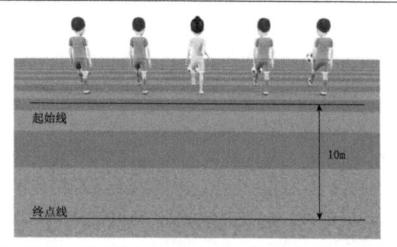

续表

示例

<table>
<tr><td>

（3）每人允许球落地 5 次，5 次以上自动退出比赛。

（4）练习过程中，球在哪里落地就在哪里重新开始，比一比哪组用时最短。

指导要点：这个游戏对队员的能力要求很高，只有在熟练掌握颠球技术的前提下才能完成。

</td><td></td></tr>
<tr><td>

活　动　2：多部位顺序颠球。

场地器材：平整场地 1 块，足球若干。

组织方法：

（1）场上队员运用脚内侧、脚外侧及脚背正面等 12 个部位顺序颠球。

（2）练习熟练后，每名队员在规定的区域内用多个部位按照自下而上然后自上而下的顺序颠球。

指导要点：

（1）颠球时要全神贯注，保证脚的触球部位准确，踝关节要保持适度紧张。

（2）要做好各部位颠球的衔接动作并及时调整身体重心。

</td><td>

</td></tr>
<tr><td>

教学比赛：颠球射门比赛。

场地器材：1/2 足球场，足球若干。

组织方法：

（1）在罚球区与球门区之间画两个直径为 2 m 的圆圈。

（2）听到教练员口令后，两组各由一名队员快速进入圆圈内颠球，完成 20 次颠球后，不调整直接射门，射门后捡球传给下一名队员。

（3）比一比哪组完成得又快又好。

指导要点：可以指定部位颠球，也可用多个部位颠球。

</td><td>

</td></tr>
</table>

二、各种原地及活动中拨拉挑扣变向运球

各种原地及活动中拨拉挑扣变向运球训练示例如表 3-2 所示。

表 3-2　各种原地及活动中拨拉挑扣变向运球训练示例

年龄：6~12 岁	主题：各种原地及活动中拨拉挑扣变向运球	时间：90min
目标：熟悉球性并提高运球和运球变向能力		
示例		

热　身：蛇出洞。 **场地器材**：21m×21m 场地，足球若干。 **组织方法**： （1）两名队员扮演"蛇"趴在地上，其余队员每人 1 个足球在场地内自由运球。 （2）当教练员喊"蛇出洞"时，扮演"蛇"的队员要像蛇一样爬行并触碰其他队员，被触碰的队员立即变为"蛇"并加入"蛇"的行列，直到场内所有队员都变为"蛇"为止，游戏结束。 **指导要点**：要向各个方向跑动、转身、躲闪以躲避蛇的追击，提高灵活能力。	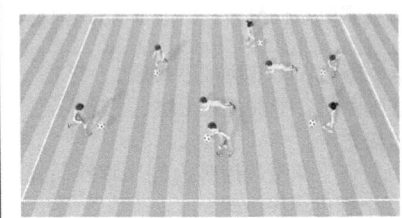
活　动　1：各种原地、活动中拨拉挑扣变向练习。 **场地器材**：每人一球，标志桶、标志盘若干在用标志盘围成的 12 m ×12 m 区域内任意摆放标志盘。 **组织方法**： （1）队员先在场地内原地做踩拉球、拨球、跳球、扣球等技术动作。 （2）在运球的同时，采用拨拉挑扣等动作绕过标志盘。 **指导要点**：练习时应该屈膝并降低身体重心，抬头随时观察周围情况。	
活　动　2：活动中拨拉挑扣过人射门组合。 **场地器材**：足球若干，小球门 1 个 **组织方法**： （1）两人一组，每组一球。A 队员与 B 队员相距 10m。 （2）教练员从侧面抛球给 A 队员，A 队员向前跑动接球。 （3）在 A 队员接控教练员的抛球时，B 队员向前跑动防守 A 队员的进攻。 （4）A 队员接球后，用拨、拉、挑、扣等技术动作突破 B 队员的防守后射门。 **指导要点**： （1）进攻队员接球前要注意防守队员的位置，及时做好接球后的过人准备。 （2）进攻队员运球过人时重心移动速度要快。	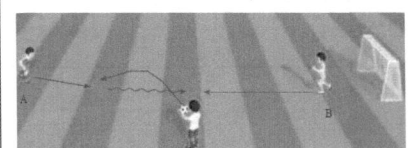

续表

示例	
教学比赛：4 对 4 越过底线得分。 **场地器材**：22m×22m 场地，足球 1 个，标志盘 4 个。 **组织方法**： (1) 学生分成两组，每组 4 人，在如右图所示场地内进行 4 对 4 足球比赛。 (2) 把球带过对方底线即得 1 分。10min 后看哪队得分多。 **指导要点**：4 对 4 比赛需要队员多做传切配合，多运用拨拉挑扣技术动作。	

三、运球假动作过人

运球假动作过人训练示例如表 3-3 所示。

表 3-3　运球假动作过人训练示例

年龄：6~12 岁	主题：运球假动作过人		时间：90min
目标：提高初级的足球假动作过人技巧			
示例			
热　　身：自由运球。 **场地器材**：15m×15m 场地，足球若干。 **组织方法**：用标志桶限定一个区域，队员在区域内带球做各种假动作，注意抬头。当教练员发出指令时，队员立即坐在球上。每次做得最慢的两名队员退出区域，继续游戏。最后留在区域内的队员获胜。 **指导要点**： (1) 运球时，人球之间保持适当距离。 (2) 脚触球时要低头看，两次脚触球的间隙要养成抬头观察的好习惯。			
活　动　1：运球假动作过人。 **场地器材**：4 人一组，两人一球，标志盘 4 个。 **组织方法**： (1) 两人一组，彼此相距 8m 面对面站立。 (2) B 队员先传球给 A 队员。A 队员接球后朝 B 队员直线运球，B 队员上前弱防守。两人快接近时，A 队员利用假动作迷惑 B 队员，从而突破 B 队员的防守。然后两人交换位置继续练习。	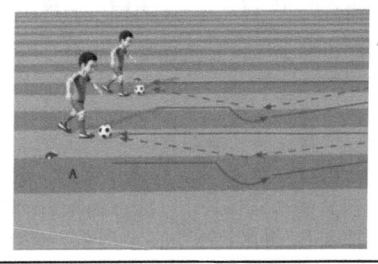		

续表

示例	
指导要点：初次练习时先使用弱防守，待动作熟练后再使用积极防守。要始终把球控制在自己的身体范围之内，掌握好过人的距离和时机。	
活　动　2：运球假动作过人。 **场地器材**：足球若干，标志桶 5 个。 **组织方法**： (1) 4 人一组，呈菱形站位。标志桶如右图所示摆放，每人都与中间的标志桶相距 8m。 (2) 4 人同时向中间的标志桶运球，到达中间的标志桶附近时向右变向，将球运到右方起点位置。 (3) 先按逆时针方向做一圈练习，再按顺时针方向做练习，然后根据教练员指示变换变向方式。 **指导要点**：到标志桶附近变向时身体重心要低，变向后要迅速衔接下一步的运球动作。	
教学比赛：5 对 5 多球门比赛。 **场地器材**：足球 1 个，小球门 4 个。 **组织方法**：5 对 5 四球门对抗比赛，中间休息3min。每队进攻对方身后的两个球门，要注意改变方向，合理运用假动作过人技术，选择任意一个球门射门得分。 **指导要点**：团结协作、注重配合是比赛获胜的关键。	

四、运球过人、射门组合

运球过人、射门组合训练示例如表 3-4 所示。

表 3-4　运球过人、射门组合训练示例

年龄：6~12 岁	主题：运球过人、射门组合		时间：90min
目标：提高运球及运球变向能力			
示例			
热　　身：步法练习。 **场地器材**：30m×30m 场地，每人一球。 **组织方法**：足球若干，标志桶 4 个，绳梯 1 副，小栏架 3 个，小球门 1 个。如右图所示摆放所有器材。	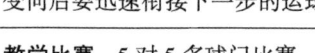		

续表

示例

组织方法：每名队员依次以 S 形绕过每个标志桶，然后快速跑过绳梯，再跳过小栏架，接教练员的抛球，运球后射门。

指导要点：

（1）不断提高步频。

（2）根据球的运行路线合理选择方式接控球。

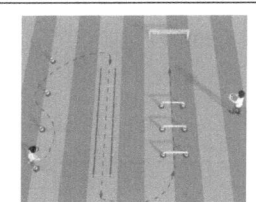

活　动　1：运球假动作过人射门组合。

场地器材：足球 1 个，带小球门的场地 1 块。

组织方法：

（1）3 人一组。A 队员将球传给 B 队员。B 队员向前跑动迎球，用脚内侧回撤接球。

（2）C 队员同时也向 B 队员跑动，去防守 B 队员。B 队员接球并运球转身，假动作突破 C 队员后用脚背正面射门。

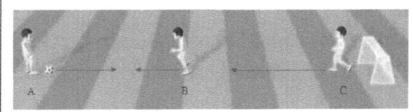

指导要点：

（1）B 队员接球前就要注意身后 C 队员的位置，以便接球后进行假动作突破。

（2）进攻队员的假动作和过人的衔接动作要迅速流畅。

活　动　2：接球运球假动作过人组合练习。

场地器材：足球若干。

组织方法：

（1）两人一组。持球队员把球传给对面的队友后进行防守，练习正面抢球。

（2）另一侧队员接球后运球，与防守队员保持合适距离，用假动作过人技术突破防守队员。

（3）所有队员轮流进行练习。

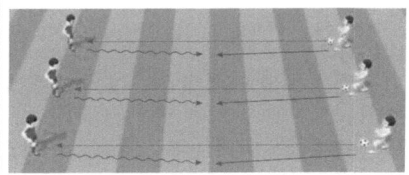

指导要点：

（1）接球时要判断好来球路线。

（2）过人的节奏要把握好，过人时速度要快。

教学比赛：4 对 4 比赛。

场地器材：20m×25m 场地，球门宽 2~3m，3 号足球，两色分队服。

组织方法：8 名队员分成两组，进行 4 对 4 对抗，实践运用运球过人射门组合。

指导要点：

（1）强调比赛的乐趣，强化队员的成功体验，弱化比赛结果。

（2）提供安全的比赛环境，根据天气情况注意保暖和补水。

五、运球变向（变速）过人、脚背射门组合

运球变向（变速）过人、脚背射门组合训练示例如表 3-5 所示。

表 3-5　运球变向（变速）过人、脚背射门组合训练示例

年龄：6~12 岁	主题：运球变向（变速）过人、脚背射门组合	时间：90min
目标：增强变向变速的节奏感，提高运球变向变速过人能力		
示例		

热　　身：自由运球。 **场地器材**：30m×30m 场地，每人一球。 **组织方法**：场地内自由运球热身，双脚拨球、拉球、挑球、扣球等多种球性练习。在护好自己球的前提下去抢别人的球。 **指导要点**： （1）运球时，人球之间保持适当距离。 （2）脚触球时要低头看，两次脚触球的间隙要养成抬头观察的好习惯。	
活　动　1：变速运球射门。 **场地器材**：足球若干，小球门 1 个。在场地内摆放 7 个标志盘。 **组织方法**： （1）学生排成一列纵队，按照右图所示运球后射门。 （2）虚线表示快速运球，曲线表示慢速运球。变速运球结束后直接射门。 （3）运球跑动时身体自然放松，降低身体重心。 **指导要点**：变速运球要求节奏变化要明显。在实际比赛中，变速摆脱要突然。	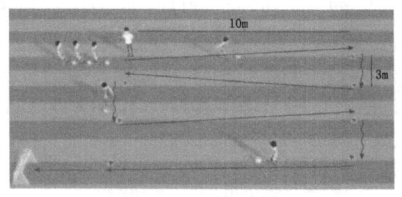
活　动　2：变向运球射门。 **场地器材**：足球若干，小球门 1 个。 **组织方法**： （1）两人一组，分别背对教练员站立于球门两侧。 （2）教练员在离两人 20m 处从场外将足球扔入场内，听到球落地的声音后，快速转身抢球，抢到球的队员为进攻者，另一名队员为防守者，进攻者运球变向突破对方后射门。 **指导要点**：变向要突然，变向后要加速带球离开防守者，摆脱防守。	

续表

示例	
教学比赛：3 对 3 比赛。 **场地器材**：足球 1 个，标志盘 6 个，小球门两个。 **练习方法**：3 人一组，进行 3 对 3 比赛。猜拳决定哪组队员先发球。进球后，球门后的替补队员可以替换场上队员继续进行比赛。充分运用变速变向运球过人技术。 **指导要点**： （1）根据人数多少及体能状况，合理调整比赛场地的大小。防守队员要注意采用合适的选位与保护技战术。 （2）进攻队员要通过变速与变向运球和传球来绕过防守队员。防守队员要采用 1 对 1 紧逼盯人的战术。	

六、对抗下运球变向（变速）假动作过人、射门组合

对抗下运球变向（变速）假动作过人、射门组合训练示例如表 3-6 所示。

表 3-6　对抗下运球变向（变速）假动作过人、射门组合训练示例

年龄：6~12 岁	主题：对抗下运球变向（变速）假动作过人、射门组合	时间：90min
目标：提高在对抗情况下运球变向变速假动作过人射门组合能力		

示例	
热　身：自由运球。 **场地器材**：20m×20m 场地，每人一球。 **组织方法**：场地内带球热身，然后在互相对抗情况下加入协调性球性练习。 **指导要点**： （1）运球时，做各种变向运球动作。 （2）对抗时，提高神经系统兴奋性，激活身体的协调能力。	
活　动 1：变向变速运球假动作过人射门组合。 **场地器材**：足球若干，小球门 1 个。 **组织方法**： （1）两人一组，每组一球。A 队员与 B 队员相距 10m。	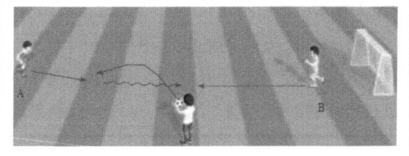

续表

示例
(2) 教练员从侧面抛球给 A 队员，A 队员向前跑动接空中来球。 (3) 在 A 队员接控教练员的抛球时，B 队员向前跑动防守 A 队员的进攻。 (4) A 队员接球后，用假动作突破 B 队员的防守后射门。 **指导要点：** (1) 进攻队员接球前要注意防守队员的位置，及时做好接球后的过人准备。 (2) 进攻队员运球过人时重心移动速度要快。

活 动 2：
场地器材： 足球若干，小球门两个。球门如右图所示沿对角线摆放，中线距离两个球门边框均为 10m。
组织方法：
(1) 将队员分成人数相等的两队，站在中线两侧。教练员在中间持球。
(2) 教练员分别向两侧传球，两队队员分别在自己的场地内追球转身后完成射门。射进球门得 1 分，射不进球门不得分。累计总成绩，最后得分多的队获胜。
指导要点：
(1) 射门时，要根据球速调整好支撑脚的位置。
(2) 可以用脚底拉球转身或停球变向。

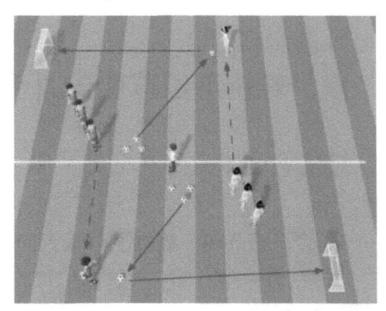

教学比赛： 3 对 3 比赛。
场地器材： 小场地 1 块，足球 1 个，标志盘 6 个，小球门两个。
组织方法： 3 人一组，进行 3 对 3 比赛。猜拳决定哪组队员先发球。进球后，球门后的替补队员可以替换场上队员继续进行比赛。充分运用变速变向运球过人技术。
指导要点：
(1) 根据人数多少及体能状况，合理调整比赛场地的大小。防守队员要注意采用合适的选位与保护技战术。
(2) 进攻队员要通过变速与变向运球和传球来绕过防守队员。防守队员要采用 1 对 1 紧逼盯人的战术。

七、大腿、脚背内侧等部位接控空中球+接控反弹球组合

大腿、脚背内侧等部位接控空中球+接控反弹球组合训练示例如表 3-7
所示。

表 3-7　大腿、脚背内侧等部位接控空中球+接控反弹球组合训练示例

年龄：6~12 岁	主题：大腿、脚背内侧等部位接控空中球+接控反弹球组合	时间：90min
目标：提高大腿、脚背内侧等接控空中球衔接接控反弹球能力		
示例		

热　身：自由运球热身。 **场地器材**：20m×20m 场地，每人一球。 **组织方法**：带球热身，加入熟悉球性练习，同时做各种躲闪变向动作。 **指导要点**： （1）运球时，做各种变向运球动作。 （2）对抗时，提高神经系统兴奋性，激活身体的协调能力。	
活　动　1：大腿、脚背内侧等部位接控空中球+接控反弹球组合。 **场地器材**：足球 1 个，标志盘两个。 **组织方法**： （1）将队员分成两组，每组两人。A 队员运球前进，到达中间标志盘处将球抛给 C 队员，然后返回队尾。 （2）C 队员用脚内侧接控反弹球，然后同 A 队员一样运球前进，把球传给对面的 B 队员。B 队员同 A 队员的运球方式一样再传给 D 队员。所有队员轮流进行练习。用时最短的组获胜。 **指导要点**：接球前要准确判断球的速度和落点，迅速移动到位。	
活　动　2：多部位接控空中球+接控反弹球绕障碍物射门组合。 **场地器材**：1/2 足球场，足球若干，标志旗 4 根，球门 1 个。	

续表

示例	
组织方法：队员站成一队，每名队员用脚内侧接控教练员抛来的反弹球后，运球绕过标志旗，然后起脚射门。 **指导要点**：接球队员可以采取不同的身体部位接控球，也可以采取不同的转体方式衔接下一步的动作。	
教学比赛：4 对 4 比赛。 **场地器材**：20m×25m 场地，球门 2～3m，3 号足球，两色分队服。 **组织方法**：8 名队员分成两组，进行 4 对 4 对抗。实践运用运球过人射门组合。 **指导要点**：强调比赛的乐趣，强化队员的成功体验，弱化比赛结果。提供安全的比赛环境，根据天气情况注意保暖和补水。	

八、大腿、脚背内侧等部位接控空中球+接控反弹球+传接球组合

大腿、脚背内侧等部位接控空中球+接控反弹球+传接球组合训练示例如表 3-8 所示。

表 3-8　大腿、脚背内侧等部位接控空中球+接控反弹球+传接球组合

年龄：6～12 岁	主题：大腿、脚背内侧等部位接控空中球+接控反弹球+传接球组合	时间：90min
目标：提高接控空中球、接控反弹球、传接球的组合能力		
示例		
热　　身：运球热身。 **场地器材**：25m×25m 场地，一半队员持一球。 **组织方法**：在规定区域内，一半队员有球，一半队员无球，无球队员抢球。被触碰到球的队员将球留给抢球队员，自己去抢别人的球。在限定时间内无球队员离场，继续开始前面的游戏。最后留下的队员获胜。 **指导要点**： （1）运球时，人球之间保持适当距离。		

续表

示例

（2）脚触球时要低头看，两次脚触球的间隙要养成抬头观察的好习惯。

活　动　1：接控空中球+接控反弹球+传接球组合。
场地器材：两人一球，两人相距 15m。
组织方法：持球队员用脚背内侧传高空球给队友。队友用大腿或者脚内侧等部位接控空中球后，再接控反弹球于合适的位置，然后用同样的脚法回传给队友。反复练习。
指导要点：可以根据练习者的水平适当拉长或者缩短练习距离。

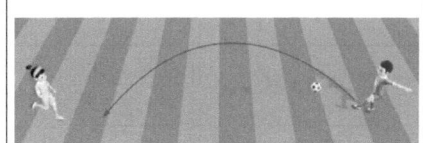

活　动　2：接控空中球+接控反弹球+传接球组合
场地器材：两人一球于中圈附近，两人相距 15m。
组织方法：持球队员用脚背内侧传高空球给队友，然后向前跑动。队友用大腿或者脚内侧等部位接控空中球后，再接控反弹球于合适的位置，然后用同样的脚法回传给前插队友。反复练习。
指导要点：可以根据练习者的水平适当拉长或者缩短练习距离。

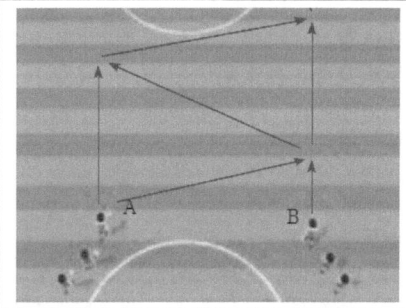

教学比赛：攻守比赛。
场地器材：20m×20m 场地，足球 1 个，球门 1 个。
组织方法：
（1）将球门放在场地的中间。
（2）队友分成两组，每组 4 人。一方进攻，另一方防守。
（3）从两侧射入球门的进球均为有效进球。一方进攻失误后由另一方进攻。
（4）得分多者为胜。
指导要点：
（1）4 对 4 的进攻是指通过 4 名队友之间的传球配合，寻找有利时机突破射门。
（2）防守队员要站在进攻队员的内侧防守。防守队员要阻挡进攻队员射门或者向内侧传球，迫使其向不利于进攻的一侧传球。

九、大腿、脚背内侧等部位接控空中球+接控反弹球+射门组合

大腿、脚背内侧等部位接控空中球+接控反弹球+射门组合训练示例如表 3-9
所示。

表 3-9　大腿、脚背内侧等部位接控空中球+接控反弹球+射门组合训练示例

年龄：6~12 岁	主题：大腿、脚背内侧等部位接控空中球+接控反弹球+射门组合	时间：90min

| 目标：提高接控球衔接射门组合能力 |||

| 示例 |||

| **热　身**：运球热身。
场地器材：20m×20m 场地，一半队员持球。
组织方法：在规定区域内，一半队员有球，一半队员无球，无球队员抢球。被触碰到球的队员将球留给抢球队员，自己去抢别人的球。在限定时间内无球队员离场，继续开始前面的游戏。最后留下的队员获胜。
指导要点：
(1) 运球时，人球之间保持适当距离。
(2) 脚触球时要低头看，两次脚触球的间隙要养成抬头观察的好习惯。 |  ||

| **活　动 1**：穿越球门。
场地器材：足球若干，红色标志盘 1 个，黄色标志盘两个，球门 1 个。
组织方法：队员排成一队，依次从黄色标志盘处跑到红色标志盘处，用大腿、脚内侧、脚背正面接控教练员从远处抛来的球，然后接控落地反弹球，随后择机打门。
指导要点：
(1) 用脚背内、外侧触球来改变球的运行方向。
(2) 变向后要加速把球带到开阔的空间。 |  ||

| **活　动 2**：接控空中球+接控反弹球+传接球组合。
场地器材：两人一球于中圈附近，两人相距 15m。
组织方法：持球队员用脚背内侧传高空球给队友，然后向前跑动。队友用大腿或者脚内侧等部位接控空中球后，再接控反弹球于合适的位置，然后，用同样的脚法回传给前插队友，并择机射门。反 | 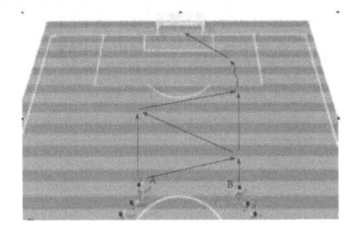 ||

续表

示例	
复练习。 **指导要点**：可以根据练习者的水平适当拉长或者缩短练习距离。	
教学比赛：5 对 5 多球门比赛。 **场地器材**：足球 1 个，小球门 4 个。 **组织方法**：5 对 5 四球门对抗比赛，中间休息 3min。每队进攻对方身后的两个球门，要注意改变方向，合理运用假动作过人技术，选择任意一个球门射门得分。 **指导要点**：团结协作、注重配合是比赛获胜的关键。	

十、各种接球、运球、假动作过人、射门

各种接球、运球、假动作过人、射门训练示例如表 3-10 所示。

表 3-10　各种接球、运球、假动作过人、射门训练示例

年龄：6~12 岁	主题：各种接球、运球、假动作过人、射门		时间：90min
目标：提高接球、运球、过人、射门多技术组合能力			
示例			
热　身：自由运球。 **场地器材**：30m×30m 场地，每人一球。 **组织方法**：在限定区域内用脚的各部位带球，不断改变方向和速度，带球做假动作等练习。 **指导要点**： (1) 运球时，人球之间保持适当距离。 (2) 脚触球时要低头看，两次脚触球的间隙要养成抬头观察的好习惯。			
活　动 1：接球运球假动作过人射门组合。 **场地器材**：足球 1 个，带小球门的场地 1 块。	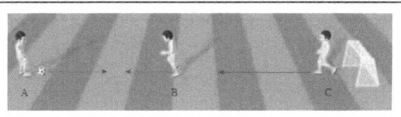		

续表

示例	
组织方法： （1）3人一组。A队员将球传给B队员。B队员向前跑动迎球，用脚内侧回撤接球。 （2）C队员同时也向B队员跑动，去防守B队员。B队员接球并运球转身，假动作突破C队员后用脚背正面射门。 **指导要点：** （1）B队员接球前就要注意身后C队员的位置，以便接球后进行假动作突破。 （2）进攻队员的假动作和过人的衔接动作要迅速流畅。	
活 动 2：接球运球假动作过人组合练习。 **场地器材**：15m×20m场地，端线队员处各准备3个备用球。 **组织方法**：A队员将球传至B队员，C队员断球向前运球，D队员队员进场防守，形成1对1运球过人局面，轮换练习。 **指导要点：** （1）接球时注意防守队员的位置，注意第一脚触球。 （2）运用各种运球技术，如护球和假动作过人等。 （3）过人后要坚决射门得分。 （4）利用速度和方向的变化过人。 （5）仔细观察对方脚步的变化和移动情况。	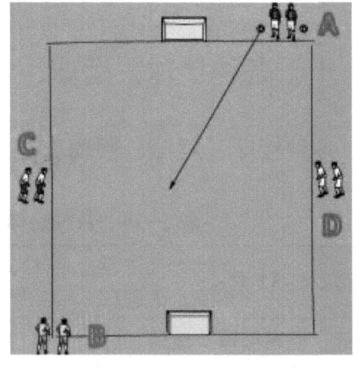
教学比赛：4对4越过底线得分。 **场地器材**：20m×25m场地，足球1个，标志盘4个。 **组织方法：** （1）队员分成两组，每组4人，在规定场地内进行4对4足球比赛。 （2）把球带过对方底线即得1分。10min后看哪队队员得分多。 **指导要点**：4对4比赛需要队员间多做传球配合，利用拨拉挑扣等技术动作。	

十一、对抗下各种接球、运球、假动作过人、射门

对抗下各种接球、运球、假动作过人、射门训练示例如表 3-11 所示。

表 3-11　对抗下各种接球、运球、假动作过人、射门训练示例

年龄：6~12 岁	主题：对抗下各种接球、运球、假动作过人、射门	时间：90min
目标：提高对抗下接球、运球、过人、射门组合技术能力		
示例		

热　身：自由运球。

场地器材：30m×30m 场地，每人一球。

组织方法：在限定区域内用脚的各部位带球。改变方向和速度，限定只用一只脚。在带球跑动中，互相干扰情况下，找无球队员传接球，对传球和相互联系配合要有预见性。

指导要点：

(1) 运球时，人球之间保持适当距离。

(2) 脚触球时要低头看，两次脚触球的间隙要养成抬头观察的好习惯。

活　动　1：对抗下接球运球假动作过人射门组合。

场地器材：15m×15m 场地，每人一球。

组织方法：

(1) 两队的第一名队员向对方传球，对方接球后运球向对方方向移动，根据教练员要求做不同假动作过人。

(2) 过人后移至对方队尾。

指导要点：

(1) 每个动作注意两个方向都要做，运球速度要有变化。

(2) 动作做完后要迅速将球向前推出，以远离防守队员。

(3) 用眼睛、头部、肩部、髋、膝盖、脚踝等部位迷惑对方。

(4) 触球时行动迅速。

(5) 摆脱后快速运球。

(6) 做动作时要掌握好与对方的距离。

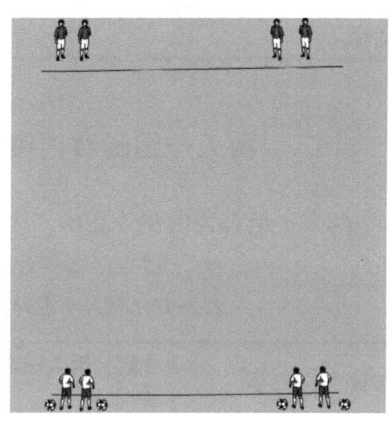

活　动　2：对抗下接球运球假动作过人射门组合。

场地器材：足球若干，小球门 1 个。

续表

示例	
组织方法： （1）两人一组，每组一球。A 队员与 B 队员相距 10 m。 （2）教练员从侧面抛球给 A 队员，A 队员向前跑动接空中来球。 （3）在 A 队员接控教练员的抛球时，B 队员向前跑动阻止 A 队员的接球和进攻。 （4）A 队员接球后，用各种假动作突破 B 队员的防守后射门。 **指导要点：** （1）进攻队员接球前要注意防守队员的位置，及时做好接球后的过人准备。 （2）进攻队员运球过人时重心移动速度要快。	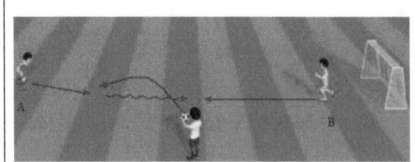
教学比赛： 3 对 3 四球门比赛。 **场地器材：** 两色分队服。设 4 个球门的小足球场一块。 **组织方法：** 两组队员进行比赛，每组 3 人。比赛开始后，双方开始抢控球并积极射门。进球多的一组获胜。充分实践练习对抗下各种接球、运球、假动作过人、射门技术组合。 **指导要点：** （1）强调比赛的乐趣，强化队员的成功体验，弱化比赛结果。 （2）做前一个动作时，要想清楚后面衔接什么动作。	

十二、两人一组脚背内侧传高球、接控反弹球

两人一组脚背内侧传高球、接控反弹球训练示例如表 3-12 所示。

表 3-12　两人一组脚背内侧传高球、接控反弹球训练示例

年龄：6~12 岁	主题：两人一组脚背内侧传高球、接控反弹球	时间：90min
目标： 提高脚背内侧传高球能力		
示例		
热　身： 自由运球。 **场地器材：** 20m×20m 场地，每人一球。		

续表

示例	
组织方法：带球捉人。一半队员有球。没有球的队员触到带球的队员时，后者将球给前者，自己要另外去捉其他带球队员。 **指导要点**： （1）运球时，人球之间保持适当距离。 （2）脚触球时要低头看，两次脚触球的间隙要养成抬头观察的好习惯。	
活 动 1：两人一组脚背内侧传高球、接控反弹球。 **场地器材**：足球若干，标志桶3个。 **组织方法**： （1）两人一组，分成3组。每组两名队员相距10m，每组中间各放1个标志桶。 （2）每组队员分别用脚背内侧互传高球。球必须从两人之间的标志桶上方通过，两脚交替练习。熟练以后，适当增加练习距离和传球高度。 **指导要点**：可以根据练习者的水平适当拉长或者缩短练习距离。	
活 动 2：脚背内侧传高球+接球+运球假动作过人组合。 **场地器材**：足球若干。 **组织方法**： （1）两人一组。持球队员把球传给对面的队友后进行防守，练习正面抢球。 （2）另一侧队员接球后运球，与防守队员保持合适距离，用假动作过人技术突破防守队员。 （3）所有队员轮流进行练习。 **指导要点**： （1）接球时要判断好来球路线。 （2）过人的节奏要把握好，过人时速度要快。	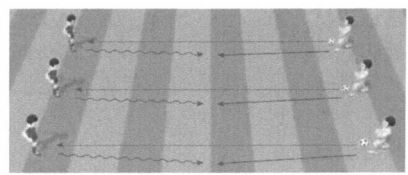
教学比赛：3对3反向球门比赛。 **场地器材**：15m×20m场地，足球1个，小球门两个。 **组织方法**： （1）在场地中间如右图所示相距10m放置两个小球门，球门朝外。	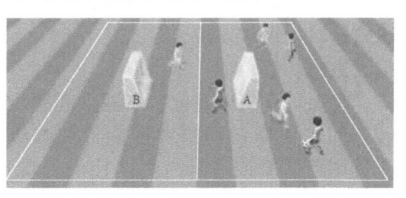

续表

示例	
（2）每组 3 人，不设守门员。双方互相进攻对方球门，绿队进攻 A 球门，黄队进攻 B 球门。在进攻的同时设法防守己方的球门。规定时间内进球多的一组获胜。 **指导要点：**一人向前防守时，另两名防守队员要注意保护、补位，保持团队防守阵型的紧凑。防守队员应逼迫持球队员向边路运球，不要轻易出脚抢球，在对方运球超出身体控制范围时果断上前抢断球。	

十三、3 人一组脚背内侧传高球、接控反弹球

3 人一组脚背内侧传高球、接控反弹球训练示例如表 3-13 所示。

表 3-13　3 人一组脚背内侧传高球、接控反弹球训练示例

年龄：6~12 岁	主题：3 人一组脚背内侧传高球、接控反弹球	时间：90min
目标：提高 3 人间多方向、多角度传高球能力		

示例	
热　身：自由运球。 **场地器材：**20m×20m 场地，每人一球。 **组织方法：**带球捉人。一半队员有球。没有球的队员触到带球的队员时，后者将球给前者，自己要另外去捉其他带球队员。 **指导要点：** （1）运球时，人球之间保持适当距离。 （2）脚触球时要低头看，两次脚触球的间隙要养成抬头观察的好习惯。	
活　动　1：运球假动作过人射门组合。 **场地器材：**场地 1 块，足球 1 个。 **组织方法：** （1）3 人呈三角形站位，每两人间距 15m。 （2）持球 A 队员用脚背内侧传高球给 B 队员；B 队员用前脚掌或者脚内侧接控反弹球于合适的位	

续表

示例

置后，用同样的脚法传给 C 队员；C 队员再传球给 A 队员。

（3）3 人依次进行练习。

指导要点：传给队友的球，速度和力量要便于对方接控球。

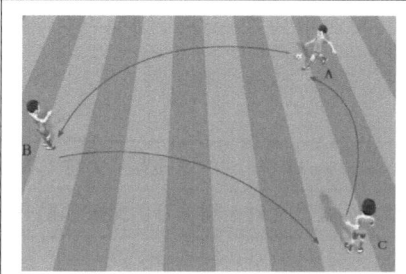

活　动　2：接球运球假动作过人组合。

场地器材：足球若干。

组织方法：

（1）两人一组。持球队员把球传给对面的队友后进行防守，练习正面抢球。

（2）另一侧队员接球后运球，与防守队员保持合适距离，用假动作过人技术突破防守队员。

（3）所有队员轮流进行练习。

指导要点：

（1）接球时要判断好来球路线。

（2）过人的节奏要把握好，过人时速度要快。

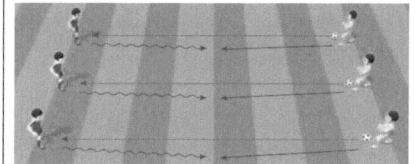

教学比赛：沙场点兵。

场地器材：20m×25m 场地，足球 1 个，用标志桶布置两个球门。

练习方法：

（1）将队员分成两队，每队 4 名队员，穿上号码服。

（2）教练员喊绿 1 号时，绿队 1 号队员冲进场地；教练员喊黄 1 号、黄 2 号时，黄队的 1 号和 2 号队员都冲进场地。

（3）场地内的两队队员进行 2 对 1 攻守练习，并灵活运用盘带、转身、抢断、射门等技术和二过一战术。

（4）黄队两人射门成功一次得 1 分；绿队一人抢断球成功一次得 1 分，射门成功一次得 2 分。所有队员轮流练习，最后得分多的队获胜。

指导要点：教练员可以根据练习主题，任意调整上场队员的人数。

十四、1 对 1 攻守

1 对 1 攻守训练示例如表 3-14 所示。

表 3-14　1 对 1 攻守训练示例

年龄：6~12 岁	主题：1 对 1 攻守		时间：90min
目标：提高 1 对 1 情况下的突破和防守能力			
示例			

热　身：自由运球。 **场地器材**：20m×20m 场地，每人一球。 **组织方法**：在限定区域内用脚的各部位带球。改变方向和速度，只用一只脚，然后换另一只脚。带球做假动作。 **指导要点**： (1) 运球时，人球之间保持适当距离。 (2) 脚触球时要低头看，两次脚触球的间隙要养成抬头观察的好习惯	
活　动　1：1 对 1 攻守练习。 **场地器材**：足球 1 个，练习距离 10m。 **组织方法**： (1) 将队员平均分成若干组，每组 2~4 人。 (2) 听到教练员口令后，A 组排头队员向 B 组方向运球，B 组排头队员上前进行弱防守。 (3) A 组排头队员练习各种过人方法突破 B 组排头队员，到对面后把球交给 B 组下一名队员。 (4) B 组接球队员向 A 组方向做同样的动作练习。练习结束的队员沿虚线部分跑回本队队尾。 (5) 一轮练习结束后，总结经验，接着再练习两轮。 **指导要点**：做完假动作后，运球加速要突然，从"假"到"真"动作衔接要快。	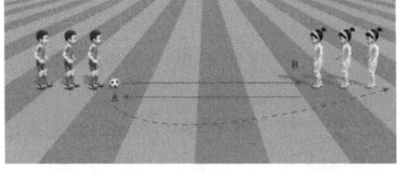
活　动　2：身体协调性练习。 **场地器材**：标志桶 6 个，每两个相邻标志桶相距 10m，呈"之"字形摆放。 **组织方法**： (1) 队员排成一队，站在第一个标志桶后。从排头队员开始，每到一个标志桶就变换一种移动方式。	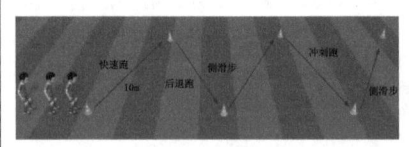

续表

示例	
（2）依次按照快速跑、后退跑、侧滑步、冲刺跑、侧滑步的顺序进行练习。 **指导要点**：后退跑时队员要掌握好方向，注意别摔倒。	
教学比赛：1 对 1 攻守比赛。 **场地器材**：足球若干，小球门 1 个。 **练习方法**： （1）两人一组，分别背对教练员站立于球门两侧。 （2）教练员在离两人 20m 处从场外将足球扔入场内，听到球落地的声音后，快速转身抢球，抢到球的队员为进攻者，另一名队员为防守者，进攻者运球变向突破对方后射门。 **指导要点**：防守队员可以根据队友的技术水平，选择积极防守或者弱防守，让队友体验到过人的成就感。过人队员要控制好球速及突破距离，突破距离过远或过近都不合适。	

十五、2 对 1 攻守

2 对 1 攻守训练示例如表 3-15 所示。

表 3-15　2 对 1 攻守训练示例

年龄：6~12 岁	主题：2 对 1 攻守	时间：90min
目标：提高 2 对 1 攻守不平衡情况下的攻守能力		

示例	
热　　身：自由运球。 **场地器材**：20m×20m 场地，每人一球。 **组织方法**：在限定区域内用脚的各部位带球。改变方向和速度，只用一只脚，然后换另一只脚。互相干扰情况下双脚尖拨球协调性带球。 **指导要点**： （1）运球时，人球之间保持适当距离。 （2）脚触球时要低头看，两次脚触球的间隙要养成抬头观察的好习惯。	

续表

示例

活　动　1：运球假动作过人射门组合。

场地器材：15m×10m 场地，足球 1 个，小球门 1 个。

组织方法：

（1）3 人一组。持球 A 队员传球给 B 队员，B 队员接球并摆脱 C 队员的防守射门。队员轮流交换角色练习。

（2）防守时，C 队员要降低身体重心，选好位置，与球、球门中点在一条直线上。C 队重点防守 B 队员向内侧运球的路线，迫使其向边路运球。

指导要点：

（1）在比赛中，防守队员要防里面，放外面，把进攻队员往外挤。

（2）C 队员要在 B 队员失去对球的控制时积极抢断球。

活　动　2：接球运球假动作过人组合。

场地器材：绳梯 1 副。

组织方法：队员正对梯子站立，高抬左腿、右腿依次进入第一个格子，右脚落地的瞬间，左腿高抬迈到左边框外。队员再高抬右腿、左腿依次进入第二个格子，左脚落地的瞬间，右腿高抬迈到右边框外。练习过程中，手臂自然摆动，依次循环前进。

指导要点：上身保持挺直，摆动腿积极下压，尽量减少与地面的接触时间，提高脚步频率。

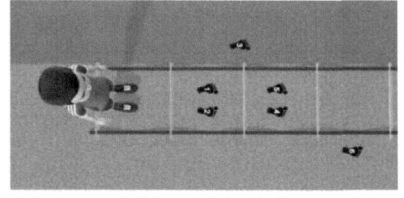

教学比赛：沙场点兵。

场地器材：25m×20m 场地，足球 1 个，用标志桶布置两个球门。

练习方法：

（1）将队员分成两队，每队 4 名队员，穿上号码服。

（2）教练员喊绿 1 号时，绿 1 号队员冲进场地；教练员喊黄 1 号、黄 2 号时，黄队的 1 号和 2 号队员都冲进场地。

（3）场地内的两队队员进行 2 对 1 攻守练习，并灵活运用盘带、转身、抢断、射门等技术和二过一战术。

（4）黄队两人射门成功一次得 1 分；绿队一人抢断球成功一次得 1 分，射门成功一次得 2 分。所有队员轮流练习，最后得分多的队获胜。

指导要点：教练员可以根据练习主题，任意调整上场队员的人数。

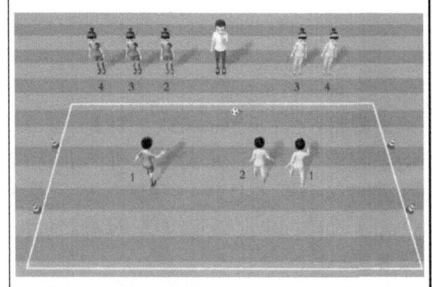

十六、2 对 2 攻守

2 对 2 攻守训练示例如表 3-16 所示。

表 3-16　2 对 2 攻守训练示例

年龄：6~12 岁	主题：2 对 2 攻守		时间：90min
目标：提高两人间的进攻配合和防守配合能力			
示例			
热　身：自由运球。 **场地器材**：20m×20m 场地，每人一球。 **组织方法**：在限定区域内用脚的各部位带球。改变方向和速度，双脚脚尖拨球协调性带球。 **指导要点**： （1）运球时，人球之间保持适当距离。 （2）脚触球时要低头看，两次脚触球的间隙要养成抬头观察的好习惯。		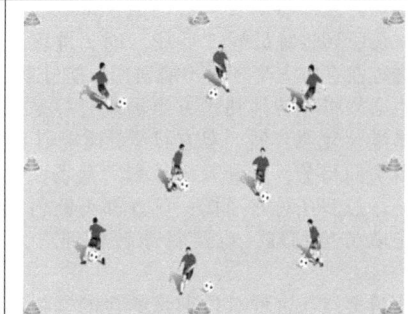	
活　动　1：运球假动作过人射门组合。 **场地器材**：带小球门的场地 1 块，足球 1 个。 **组织方法**： （1）3 人一组。A 队员将球传给 B 队员。B 队员向前跑动迎球，用脚内侧回撤接球。 （2）C 队员同时也向 B 队员跑动，去防守 B 队员。B 队员接球并运球转身，假动作突破 C 队员后用脚背正面射门。 **指导要点**： （1）B 队员接球前就要注意身后 C 队员的位置，以便接球后进行假动作突破。 （2）进攻队员的假动作和过人的衔接动作要迅速流畅。		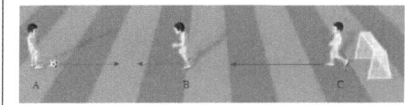	
活　动　2：接球运球假动作过人组合。 **场地器材**：绳梯 1 副，标志桶 4 个，小栏架 3 个，呼啦圈 3 个，标志旗 5 个，足球若干。 **练习方法**： （1）队员排成一队，站在绳梯后面。 （2）从排头队员开始，每名队员依次以小步跑的方式通过绳梯，然后侧向跑绕过标志桶，再收腹		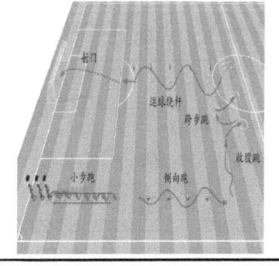	

续表

示例	
跳通过小栏架，再跨步跳通过呼啦圈，最后运球绕过标志旗完成射门。 （3）队员依次进行练习。 **指导要点：**练习强度较大，各个练习之间动作衔接要连贯。练习结束后要做整理活动。	
教学比赛：5 对 5 比赛。 **场地器材：**20m×25m，球门宽 2~3m，3 号足球，两色分队服。 **组织方法：**将队员分成两队，每队 5 人。当场上队员听到教练员喊"后场"时，进攻队员必须将球控制在本方半场，不能射门；防守队员抢到球，也必须将球转移到己方半场进行控球。听到教练员喊"复原"时，双方回到普通规则下进行比赛，可射门得分。听到教练员喊"前场"时，队员要将球控制在对方半场，双方都不能射门得分；防守队员抢到球，也要将球转移到对方半场进行控球。 **指导要点：**这种对抗训练的目的是提高队员在场地的任何位置都可以熟练控球的能力。在本方半场控球时，提高队员在后场从容持球的能力；在对方半场控球时，提高队员控球渗透、扯开对方防线的能力。	

十七、3 对 3 攻守

3 对 3 攻守训练示例如表 3-17 所示。

表 3-17　3 对 3 攻守训练示例

年龄：6~12 岁	主题：3 对 3 攻守		时间：90min
目标：提高 3 人间的进攻和防守配合能力			
示例			
热　身：自由运球。 **场地器材：**30m×30m 场地，每人一球。 **组织方法：**在限定区域内用脚的各部位带球。改变方向和速度，只用一只脚做拨拉挑扣动作，然后换另一只脚。			

续表

示例

指导要点：

（1）运球时，人球之间保持适当距离。

（2）脚触球时要低头看，两次脚触球的间隙要养成抬头观察的好习惯。

活　动　1： 运球假动作过人射门组合。

场地器材： 足球 1 个，小球门两个，用 4 个标志盘摆出 15m×20m 场地。

组织方法：

（1）攻守双方各 3 名队员背对场地中心站立。

（2）听到教练员抛球入场的声音后，双方队员转身并开始抢控球。

（3）先抢到球的一方获得控球权并组织进攻，另一方防守。进球多的球队获胜。

指导要点：

（1）B 队员接球前就要注意身后 C 队员的位置，以便接球后进行假动作突破。

（2）进攻队员的假动作和过人的衔接动作要迅速流畅。

活　动　2： 接球运球假动作过人组合。

场地器材： 绳梯 1 副，标志桶 3 个，足球若干，球门 1 个。

组织方法：

（1）绳梯和标志桶如右图所示摆放。每相邻两个标志桶间隔 2m。

（2）队员排成一队，排头队员先用快速跑的方式通过绳梯，再"S"形跑绕过标志桶，将标志桶处的球传给教练员。

（3）教练员将球回传给这名队员。队员运球后直接射门，射门后跑至队尾，等待再次进行练习。剩余队员依次进行练习。

指导要点： 刚开始练习时队员传球给教练员可以慢一点儿，在移动中接教练员的回传球时要及时准确。另外，熟练后要加快练习速度。

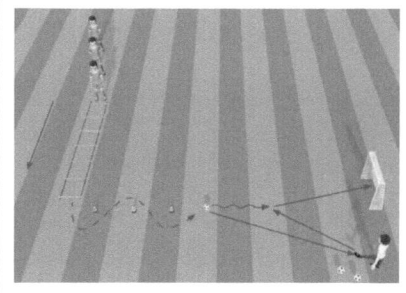

续表

示例

教学比赛：3 对 3 比赛。

场地器材：20m×25m 场地，球门宽 2~3m，3 号足球，两色分队服。

组织方法：6 名队员分成两组，进行 3 对 3 混战。

指导要点：

（1）强调比赛的乐趣，强化队员的成功体验，弱化比赛结果。

（2）提供安全的比赛环境，根据天气情况注意保暖和补水。

第四章 ▶ Chapter 4

初级阶段比赛期实践课

一、正面抢球

正面抢球训练示例如表 4-1 所示。

表 4-1　正面抢球训练示例

年龄：6~12 岁	主题：正面抢球	时间：90min
目标：学习并掌握正面抢球技术		
示例		

热　身：自由运球。 **场地器材**：30m×30m 场地，每人一球。 **组织方法**：在限定区域内用脚的各部位带球。改变方向和速度，只用一只脚，再用另一只脚。两名队员在跑动中用脚背内侧相互传球。教练员示范和指导，保证动作的准确性。 **指导要点**： （1）运球时，人球之间保持适当距离。 （2）脚触球时要低头看，两次脚触球的间隙要养成抬头观察的好习惯。	
活　动 1：正面抢球练习。 **场地器材**：平整场地 1 块，两人一球。 **组织方法**：一人用脚内侧把球挡住，另一人上一步用脚内侧触球，并做向上提拉动作。 **指导要点**：如果抢球时身体重心不能及时移向抢球脚上并保持抢球脚的踝关节适度紧张，会导致抢球失败。在进行此项练习的时候要注意踝关节保持紧绷，向上拉球的速度要快，脚不能离开球。	

续表

示例	
活 动 2：正面抢球比赛。 **场地器材**：1/2 足球场，足球若干。 **组织方法**：队员两人一组，一人带球前进时，另一人迎面跑上，持球队员力争突破防守队员射门，防守队员主要练习正面抢球技术，一定次数后两人交换继续练习。 **指导要点**：要把握好上抢的时机，就是对方推拨球离开控制范围的一瞬间。控制好抢球的节奏。把握抢球的时机，避免因出脚稍早或稍晚而抢球失败。	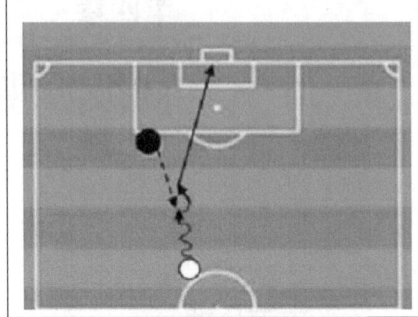
教学比赛：翻盘比赛。 **场地器材**：10m×20m 场地，足球若干，标志盘10 个。 **组织方法**： （1）将 10 个标志盘放在规定场地内。将 10 名队员分为两组，分别穿黄色和白色训练服。 （2）每人 1 个足球在规定场地内自由运球，穿女队的队员边运球边将正面摆放的标志盘翻过来，男队队员边运球边将反面摆放的标志盘翻正。规定时间结束后，数正反面摆放的标志盘数量。正面摆放的标志盘多，男队队获胜；反之，女队获胜。 **指导要点**： （1）提前观察好标志盘的位置。 （2）合理运球，将球控制在身体范围之内。	

二、侧面抢截球

侧面抢截球训练示例如表 4-2 所示。

表 4-2　侧面抢截球训练示例

年龄：6~12 岁	主题：侧面抢截球	时间：90min
目标：学习并掌握侧面抢截球技术		
示例		
热 身：自由运球。 **场地器材**：25m×25m 场地，每人一球。		

续表

示例

组织方法：在限定区域内用脚的各部位带球。改变方向和速度，只用一只脚，再用另一只脚。两名队员在跑动中用脚背内侧相互传球。教练员示范和指导，保证动作的准确性。

指导要点：

（1）运球时，人球之间保持适当距离。

（2）脚触球时要低头看，两次脚触球的间隙要养成抬头观察的好习惯。

活　动　1：侧面抢球练习。

场地器材：场地1块，两人一球。

组织方法：两人一组，一人运球，另一人从侧面抢球，重点体验位置和时机感觉。

指导要点：在抢球时还应考虑后继的动作，一旦抢球成功，身体重心应快速移动，保证抢控球动作的连贯性，以便连接下一个动作。

活　动　2：夺球大战。

场地器材：在40m×40m场地内把队员分成4组，每一组在场地一角为自己画出一个3m×3m的堡垒。

组织方法：若干球置于场地中间，当听到教练员的口令后尽可能多地把球运回自己的堡垒。可以运送场地中间的球，也可"偷"对方堡垒内的球，各堡垒内的队员不能防守。规定时间内得球多的一方获胜。

指导要点：

（1）向前直线运球时要用脚背正面运球。

（2）可以用脚底拉球转身或停球变向。

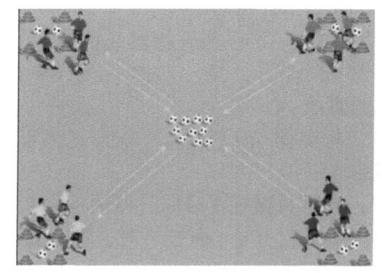

教学比赛：5对5比赛。

场地器材：足球若干。

组织方法：将10名队员分成两组，每人一球，互相攻防。队员在运球、抢截球或踢跑对方球的同时，争取突破对方队员的防守射门得分，射进1球得1分，射不进球不得分。练习时球如果被对方踢跑，需捡回后从球被踢走的地方运球继续进行比赛。

指导要点：运球时注意用眼睛的余光观察场上对手的防守情况。

三、二过一攻防

二过一攻防训练示例如表4-3所示。

表4-3　二过一攻防训练示例

年龄：6~12岁	主题：二过一攻防		时间：90min
目标：提高实战情况下的二过一进攻能力			
示例			

热　　身：运球热身。 **场地器材**：30m×30m 场地，每人一球。 **组织方法**：在限定区域内用脚的各部位带球。改变方向和速度，脚尖敲球，然后对抗情况下做一些改变方向的动作。 **指导要点**： （1）运球时，人球之间保持适当距离。 （2）脚触球时要低头看，两次脚触球的间隙要养成抬头观察的好习惯	
活　动　1：穿越球门。 **场地器材**：15m×20m 场地，足球 1 个，用标志桶布置 2 个球门。 **组织方法**： （1）将队员分成两队，每队 4 名队员，穿上号码服。 （2）教练员喊绿 1 号时，绿队 1 号队员冲进场地；教练员喊黄 1 号、黄 2 号时，黄队的 1 号和 2 号队员都冲进场地。 （3）场地内的两队队员进行 2 对 1 攻守练习，并灵活运用盘带、转身、抢断、射门等技术和二过一战术。 （4）黄队两人射门成功一次得 1 分；绿队一人抢断球成功一次得 1 分，射门成功一次得 2 分。所有队员轮流练习，最后得分多的队获胜。 **指导要点**：既要注意配合，又要合理安排体能。	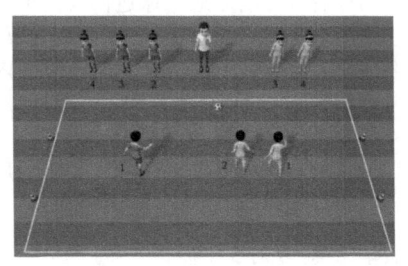
活　动　2：夺球大战。 **场地器材**：1/2 足球场，足球 1 个。 **练习方法**：在规定区域内进行 2 对 1 进攻练习。持球队员运球逼近防守队员，诱使防守队员上前抢球，然后快速传球给快速前插的队友。进攻方	

续表

示例	
无球队员积极跑动接应。 **指导要点：** （1）2对1攻防因为传球意图很容易被识破，所以要求两名队员之间配合要默契，这就需要两个人积极地扯动，拉出空当。 （2）传球时，不一定非要往队友脚下传，可以往队友的有利方向传，这样更容易形成二过一配合。	
教学比赛：控球练习。 **场地器材：**20m×25m场地，球门宽2~3m，3号足球，两色分队服。 **组织方法：**将队员分成两队，每队5人。当场上队员听到教练员喊"后场"时，进攻队员必须将球控制在本方半场，不能射门；防守队员抢到球，也必须将球转移到己方半场进行控球。听到教练员喊"复原"时，双方回到普通规则下进行比赛，可射门得分。听到教练员喊"前场"时，队员要将球控制在对方半场，双方都不能射门得分；防守队员抢到球，也要将球转移到对方半场进行控球。 **指导要点：**这种对抗训练的目的是提高队员在场地的任何位置都可以熟练控球的能力。在本方半场控球时，提高队员在后场从容持球的能力；在对方半场控球时，提高队员控球渗透、扯开对方防线的能力。	

四、三过二攻防

三过二攻防训练示例如表4-4所示。

表4-4　三过二攻防训练示例

年龄：6~12岁	主题：三过二攻防		时间：90min
目标：提高实战情况下的三过二进攻能力			
示例			
热　身：自由运球。 **场地器材：**30m×30m场地，每人一球。			

示例

组织方法：在限定区域内用脚的各部位带球。改变方向和速度，限定只用某只脚。学习一些改变方向的动作。每人一球。带球穿越场地，在途中听教练员指挥做假动作——脚内侧、外侧扣球，先用右脚，熟悉后再用左脚。
指导要点：
（1）运球时，人球之间保持适当距离。
（2）脚触球时要低头看，两次脚触球的间隙要养成抬头观察的好习惯。

活 动 1：穿越球门。
场地器材：20m×20m 场地，足球 1 个，球门 1 个。
组织方法：
（1）将队员分成两组，一组队员进攻，另外一组队员防守。
（2）进攻队员要通过传球突破防守队员的防守。进攻队员射入球门一次得 1 分，防守队员抢断成功一次得 1 分。
（3）进攻队员每次触球次数不超过 3 次。
指导要点：
（1）传球的力量要适当，便于队友接球。
（2）传球时不要低头，要随时观察场上情况变化。

活 动 2：夺球大战。
场地器材：1/2 足球场，足球 1 个，球门 1 个。
组织方法：
（1）将队员分成两组，一组队员作为进攻队员，另外一组队员作为防守队员。防守组由一名队员担任守门员。
（2）A 队员把球传给 B 队员之后，沿边路后插上接球。
（3）B 队员接球后把球传给 C 队员。
（4）C 队员把球传到空当处，A 队员后插上接球传中（可适当增加难度，调整 A 队员和 C 队员之间的距离，传高空球）。
（5）B 队员包抄射门（可适当增加难度，运用不同的射门方式）。练习一段时间后，两组队员转换角色进行练习。
指导要点：
（1）传球队员要结合接应队员的跑动时机进行传球。
（2）变向、变速要快慢结合，节奏变化要明显。

续表

示例	
教学比赛：4 对 4 六球门比赛。 **场地器材**：20m×15m 场地，球门宽 2~3m，3 号足球，两色分队服。 **组织方法**：将 8 名队员分成两组，进行 4 对 4 混战。 **指导要点**： （1）强调比赛的乐趣，强化队员的成功体验，弱化比赛结果。 （2）提供安全的比赛环境，根据天气情况注意保暖和补水。	

五、射门（有守门员）

射门（有守门员）训练示例如表 4-5 所示。

表 4-5　射门（有守门员）训练示例

年龄：**6~12 岁**	主题：**射门（有守门员）**	时间：**90min**
目标：提高有守门员防守情况下的射门能力		
示例		
热　身：射标志桶。 **场地器材**：足球若干，标志桶 4 个。 **组织方法**：队员在距标志桶 8m 的位置进行射标志桶比赛，要求必须用脚内侧进行推射，看哪名队员踢出的球碰倒标志桶的次数最多。 **指导要点**：灵活掌握脚内侧推射的力度，是碰倒标志桶的关键。	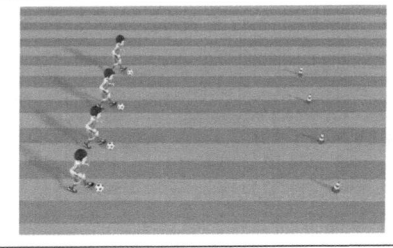	
活　动　1：脚背内侧射门。 **场地器材**：1/4 足球场，足球若干，球门 1 个。 **组织方法**： （1）4 人一组，每人一球。 （2）将球放在罚球区前沿线上，用脚背内侧踢球射门。每位队员踢 10 次，看谁进球的次数最多。 **指导要点**： （1）射门时，助跑、支撑、摆腿、踢球、随前动作要做标准。只有动作规范，射门才能准确有力。 （2）射门时摆动腿大腿带动小腿，小腿折叠后前摆，脚面绷紧，击球部位要准确。		

续表

示例	
活 动 2：射门比赛。 **场地器材**：足球若干，小球门两个。在球门前画 3 条标志线，分别距离球门 4m、6m 和 8m。 **游戏方法**：将队员分成两组，分别从不同距离进行脚背正面射门比赛。射进球门得 1 分，射不进球门不得分。所有队员练习完成后，累计得分最多的一组获胜。 **指导要点**：射门时踢球脚脚背要绷直上身下压，身体不要后仰，射门后踢球腿要继续提膝并随球前摆。	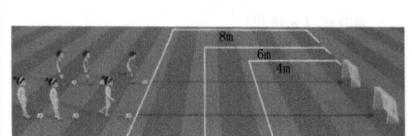
教学比赛：攻城拔寨比赛。 **场地器材**：足球若干。 **游戏方法**：将所有队员分成两组，每人一球，互相攻防。队员在运球、抢截球或踢跑对方球的同时，争取突破对方的防守射门得分，射进 1 球得 1 分，射不进球不得分。练习时球如果被对方踢跑，需捡回后从球被踢走的地方运球继续进行游戏。 **指导要点**：运球时注意用眼睛的余光观察场上对手的防守情况。	

六、小场地 4 对 4 比赛

小场地 4 对 4 比赛训练示例如表 4-6 所示。

表 4-6　小场地 4 对 4 比赛训练示例

年龄：6~12 岁	主题：小场地 4 对 4 比赛	时间：90min
目标：提高实战情况下的 4 对 4 攻防能力		

示例	
热　　身：自由运球。 **场地器材**：30m×30m 场地，每人一球。 **组织方法**：在限定区域内用脚的各部位带球。改变方向和速度，只用一只脚，再用另一只脚。脚尖敲球，学习一些改变方向的动作。队员带球穿越场地，在途中听教练员指挥做假动作——脚内侧、外侧扣球，先用右脚，熟悉后再用左脚。 **指导要点**： （1）运球时，人球之间保持适当距离。 （2）脚触球时要低头看，两次脚触球的间隙要养成抬头观察的好习惯。	

续表

示例

活 动 1：穿越球门。

场地器材：20m×25m 场地，足球 1 个，标志盘 4 个。

组织方法：

(1) 将队员分成两组，每组 4 人，在规定场地内进行 4 对 4 足球比赛。

(2) 把球带过对方底线即得 1 分。10min 后看哪队队员得分多。

指导要点：

(1) 用脚背内、外侧触球来改变球的运行方向。

(2) 变向后要加速把球带到开阔的空间。

活 动 2：3 对 2 以多攻少练习。

场地器材：15m ×20m 场地，足球 1 个，小球门 2 个，标志桶 4 个。

组织方法：

(1) 攻方 3 人，守方 2 人并配有 1 名守门员。攻方 1 号队员开球后先和 2 号队员进行二过一配合，越过盯防 2 号的防守队员 B。

(2) 攻方 1 号队员与 3 号队员进行二过一配合，1 号队员为 3 号队员做"墙"，使 3 号队员越过盯防他的防守队员 A 后下底传中，1 号队员做完"墙"后快速插上，接 3 号队员的传中球射门。

(3) 射门后两队交换角色继续进行练习。防守队员逐渐加大防守力度。

指导要点：

(1) 传球要及时准确，速度要适中，传球后的插上要迅速。

(2) 最后的射门要果断有力。

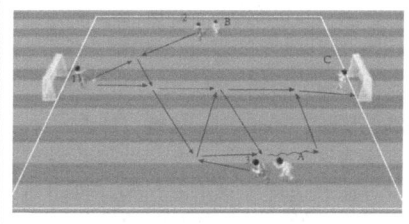

教学比赛：控球练习。

场地器材：20m×25m 场地，球门宽 2~3m，3 号足球，两色分队服。

组织方法：将队员分成两队，每队 5 人。当场上队员听到教练员喊"后场"时，进攻队员必须将球控制在本方半场，不能射门；防守队员抢到球，也必须将球转移到己方半场进行控球。听到教练员喊"复原"时，双方回到普通规则下进行比赛，可射门得分。听到教练员喊"前场"时，队员要将球控制在对方半场，双方都不能射门得分；防守队员抢到球，也要将球转移到对方半场进行控球。

续表

示例	
指导要点：这种对抗训练的目的是提高队员在场地的任何位置都可以熟练控球的能力。在本方半场控球时，提高队员在后场从容持球的能力；在对方半场控球时，提高队员控球渗透、扯开对方防线的能力。	

七、小场地 5 对 5 比赛

小场地 5 对 5 比赛训练示例如表 4-7 所示。

表 4-7　小场地 5 对 5 比赛训练示例

年龄：6~12 岁	主题：小场地 5 对 5 比赛		时间：90min
目标：提高实战情况下的 5 对 5 攻防能力			
示例			

热　身：自由运球 **场地器材**：30m×30m 场地，每人一球。 **组织方法**：在限定区域内用脚的各部位带球。改变方向和速度，只用一只脚，再用另一只脚。脚尖敲球，做一些改变方向的动作。在区域里一半队员有球，一半队员无球。无球队员寻找空当，呼应队友传球，队友传球后，再寻找新的伙伴呼应接球。学会用脚内侧接球和传球。 **指导要点**： (1) 运球时，人球之间保持适当距离。 (2) 脚触球时要低头看，两次脚触球的间隙要养成抬头观察的好习惯。	
活　动 1：1 对 1 攻守。 **场地器材**：场地 1 块，足球 1 个。 **组织方法**：场地中间一攻一守，队员运球并采用各种方式突破对方防守，守者盯抢，抢到球后就互换攻守，一定时间以后看哪名队员突破成功次数最多。 **指导要点**：这种练习需要有快速移动能力和灵活的脚步，更需要有大量的过人和防守技战术。	

续表

示例

活 动 2：巴萨式控球。

场地器材：足球 1 个。

组织方法：比赛开始时，采用普通足球比赛规则，两队都可射门得分。当教练员喊"控球"时，进攻队员必须将球控制在己方半场，两队都不能射门得分。如果防守方抢到球，也必须将球转移到自己的半场，进行控球，也不能射门。听到教练员喊"复原"时，双方回到普通比赛规则下进行比赛，双方都可以射门得分。听到教练员喊"巴萨"时，控球方要将球控制在对方半场，同样，双方都不能射门得分。当防守的一方抢到球时，要将球转移到对方半场，进行控球。直到教练员喊"复原"，双方恢复正常比赛。

指导要点：控球练习时，队友之间要多喊，提高对周围的观察能力，密切注视队友的移动和位置。

教学比赛：3 对 3 比赛。

场地器材：20m×25m 场地，球门宽 2~3m，3 号足球，两色分队服。

组织方法：将 6 名队员分成两组，进行 3 对 3 混战。

指导要点：平时要多练习奔跑和运球，提高奔跑能力和运球能力。

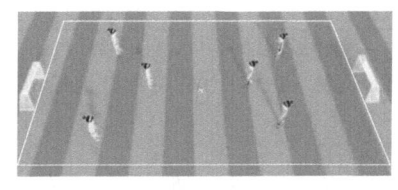

八、小场地 7 对 7 比赛

小场地 7 对 7 比赛训练示例如表 4-8 所示。

表 4-8　小场地 7 对 7 比赛

年龄：6~12 岁	主题：小场地 7 对 7 比赛	时间：90min
目标：提高实战情况下的 7 对 7 攻防能力		
示例		

热 身：传球练习。

场地器材：场地 1 块，标志盘若干，足球若干。

组织方法：在区域里一半队员有球，一半队员无球。无球队员寻找空当，呼应队友传球，队友传球后，再寻找新的队友呼应接球。学会用脚内侧接球和传球。

指导要点：传球要到位，队友要积极拉出空当。

示例

活 动 1：7 对 7 比赛。

场地器材：在 30m×30m 场地用标志盘摆出若干小球门，球门宽度为 1m。队员每人一球。

组织方法：

（1）练习 2-1-3 阵型：由 2 名后卫、1 名前卫、3 名前锋组成的阵型。2 名后卫防守后场。1 名前卫在中场活动，起连接前锋和后卫的作用。3 名前锋分列前场左、中、右，负责进攻。

（2）练习 3-1-2 阵型：由 3 名后卫、1 名前卫、2 名前锋组成的阵型。3 名后卫负责后场防守，1 名前卫在中场衔接攻防，2 名前锋分列前场左、右，负责进攻。

指导要点：明确比赛中每个位置的职责，并且认识到位置不是一成不变的，前锋队员也有防守职责，后卫队员也可以向前助攻。

活 动 2：2 对 3 以少防多。

场地器材：15 m×20m 场地，足球 1 个，小球门两个。

组织方法：

（1）3 人进攻、2 人防守进行 2 对 3 攻防训练，重点练习 2 防 3 时的跑位、保护、协防等技术。

（2）进攻队员丢球后双方互换攻防角色。

指导要点：

（1）防守队员要相互提醒，及时封堵对方传球路线。

（2）在对方接球时机不好时应快速上前抢断球或找准时机夹抢控球队员。

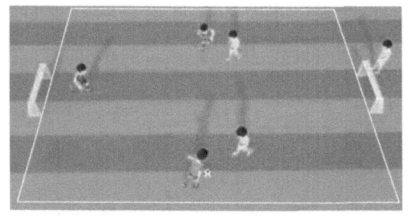

教学比赛：3 对 3 四球门比赛。

场地器材：两色分队服。设 4 个球门的小足球场 1 块。

组织方法：两组队员进行比赛，每组 3 人。比赛开始后，双方开始抢控球并积极射门。进球多的一组获胜。充分实践练习 3 人之间的局部区域的穿插配合。

指导要点：

（1）强调比赛的乐趣，强化队员的成功体验，弱化比赛结果。

（2）做前一个动作时，要想清楚后面衔接什么动作。

九、小场地 8 对 8 比赛

小场地 8 对 8 比赛训练示例如表 4-9。

表 4-9　小场地 8 对 8 比赛训练示例

年龄：6~12 岁	主题：小场地 8 对 8 比赛		时间：90min
目标：提高实战情况下的 8 对 8 攻防能力			
示例			

热　　身：自由运球。 **场地器材**：30m×30m 场地，每人一球。 **组织方法**： （1）在限定区域内用脚的各部位带球。改变方向和速度，只用一只脚，再用另一只脚。脚尖敲球，学习一些改变方向的动作。 （2）在区域里一半队员有球，一半队员无球。无球队员寻找空当，呼应队友传球，队友传球后，再寻找新的伙伴呼应接球。学会用脚内侧接球和传球。 **指导要点**： （1）运球时，人球之间保持适当距离。 （2）脚触球时要低头看，两次脚触球的间隙要养成抬头观察的好习惯。	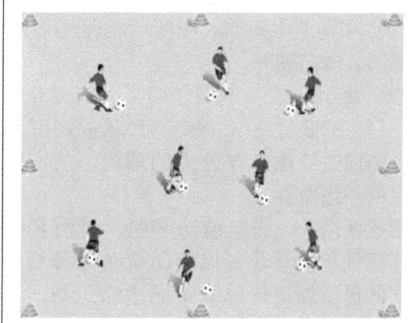
活　动　1：3 对 3 进攻练习。 **场地器材**：15m×20m 场地，足球 1 个，小球门两 2 个。 **组织方法**： （1）2 号队员回跑接应 1 号队员传球，2 号队员接球后紧接着回传给跑位中的 1 号队员。1 号队员再次控球时，2 号队员快速返身切入，向前插上要球，吸引 C 队员上前防守。 （2）3 号队员回撤假装要球，突然转身向 A 队员身后的空当处快速插上，1 号队员及时传球给 3 号队员，3 号队员接控球射门。射门后双方交换练习位置与角色。 **指导要点**： （1）由于 3 对 3 足球比赛的人数少，需要双方队员积极跑位，一次进攻中有时会多次用到二过一配合。注意 3 人之间的沟通与合作。	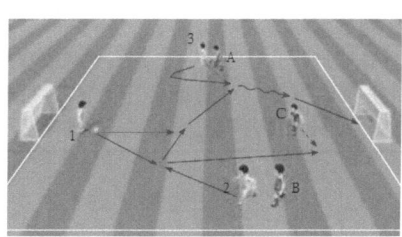

示例	
（2）一定要熟练地掌握常用的传球方法，并能快速、简练、多变地进行传球配合。 （3）学会隐藏自己的传球意图，让对手难以捉摸。多向前传球，多向空当处传球。 （4）接应队员要积极跑位，射门要果断。	
活 动 2：3 对 3 反向球门比赛。 **场地器材**：15m×20m 的场地，足球 1 个，小球门两个。 **组织方法**： （1）在场地中间如右图所示相距 10m 放置两个小球门，球门朝外。 （2）每组 3 人，不设守门员。双方互相进攻对方球门，绿队进攻 A 球门，黄队进攻 B 球门。在进攻的同时设法防守己方的球门。规定时间内进球多的一组获胜。 **指导要点**：一人向前防守时，另两名防守队员要注意保护、补位，保持团队防守阵型的紧凑。防守队员应逼迫持球队员向边路运球，不要轻易出脚抢球，在对方运球超出身体控制范围时果断上前抢断球。	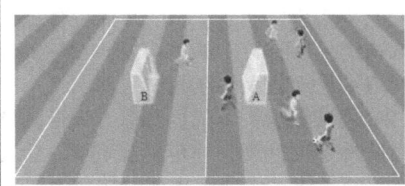
教学比赛：8 对 8 比赛。 **场地器材**：8 人制足球场地 1 块，足球 1 个。 **组织方法**： （1）比赛中多采用快速传接球技术。 （2）8 人制足球比赛主要规则与 11 人制正式足球比赛基本相同。 **指导要点**： （1）团结协作、注重配合是比赛获胜的关键。 （2）变向后要加速把球带到开阔的空间。	

十、四球门比赛

四球门比赛训练示例如表 4-10 所示。

表 4-10　四球门比赛训练示例

年龄：6~12 岁	主题：四球门比赛		时间：90min
目标：提高实战情况下的攻防配合和射门得分能力			
示例			

热　　身：自由运球。

场地器材：30m×30m 场地，每人一球。

组织方法：

（1）在限定区域内用脚的各部位带球。改变方向和速度，只用一只脚，再用另一只脚。脚尖敲球，学习一些改变方向的动作。

（2）在区域里一半队员有球，一半队员无球。无球队员寻找空当，呼应队友传球，队友传球后，再寻找新的队友呼应接球。

指导要点：

（1）注意与队友要不断地通过语言、手势、眼神等保持联系。

（2）脚触球时要低头看，两次脚触球的间隙要养成抬头观察的好习惯。

活　动　1：攻防组合练习。

场地器材：足球若干，小栏架 5 个，标志旗 4 根，标志桶 6 个，小球门两个。

练习方法：

（1）标志桶、标志旗、小球门如右图所示摆放。

（2）将队员分成两组，A 组为进攻队员，B 组为防守队员。

（3）A 组排头队员"之"字形运球绕过标志桶并突破 B 组排头队员的防守后射门。

（4）B 组排头队员在 A 组排头队员出发的同时，跳过 5 个小栏架，再侧身跑过 4 个标志杆，绕过己方小球门后在 A 组球门前防守 A 组持球队员射门。

（5）A 组排头队员尽量突破 B 组排头队员的防守射门。

（6）B 组排头队员的速度一定要快，赶在 A 组排头队员射门之前跑到防守位置进行防守。

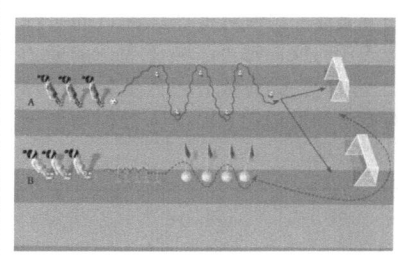

续表

示例
（7）每组队员依次进行练习。一轮结束后，两组队员互换角色再次进行练习。 **指导要点：** （1）向前直线运球时要用脚背正面运球。 （2）可以用脚底拉球转身或停球变向。

活 动 2： 5 对 5 四球门比赛。

场地器材： 足球 1 个，小球门 4 个。

组织方法： 每队两个球门，把球踢进对方任何一个球门都算得分。比赛按照 5 人制比赛规则进行，但没有角球规则且不设守门员。

指导要点： 要充分利用各种二过一配合战术。进攻队员要灵活跑动接应，为控球队员制造传球空当。

教学比赛： 5 对 5 比赛。

场地器材： 20m×25m 场地，球门宽 2~3m，3 号足球，两色分队服。

组织方法： 将队员分成两队，每队 5 人。当场上队员听到教练员喊"后场"时，进攻队员必须将球控制在本方半场，不能射门；防守队员抢到球，也必须将球转移到己方半场进行控球。听到教练员喊"复原"时，双方回到普通规则下进行比赛，可射门得分。听到教练员喊"前场"时，队员要将球控制在对方半场，双方都不能射门得分；防守队员抢到球，也要将球转移到对方半场进行控球。

指导要点： 这种对抗训练的目的是提高队员在场地的任何位置都可以熟练控球的能力。在本方半场控球时，提高队员在后场从容持球的能力；在对方半场控球时，提高队员控球渗透、扯开对方防线的能力。

第五章 ▶ Chapter 5

初级阶段过渡期实践课

一、无球游戏

（1）无球游戏示例 1 如表 5-1 所示。

表 5-1　无球游戏示例 1

年龄：6~12 岁	主题：无球游戏	时间：90min
目标：恢复体能、放松身心，为下一步训练做好准备		
示例		
热　　身：自由运球。 **场地器材**：20m×20m 场地，每人一球。 **组织方法**：队员在区域内带球寻找机会，用自己的球击其他带球队员的球，球被踢出区域内的队员，到区域外做 5 个俯卧撑，然后回到区域内，继续游戏。 **指导要点**： （1）运球时，人球之间保持适当距离。 （2）脚触球时要低头看，两次脚触球的间隙要养成抬头观察的好习惯。		
活　动　1："S"形跑游戏。 **场地器材**：标志桶 12 个，如右图所示摆放，起始线距最远标志桶 15m。 **组织方法**： （1）将队员分成人数相等的两组，队员站在起跑线后。 （2）听到教练员口令后，每组排头队员迅速从起点以"S"形绕标志桶跑步至终点，再原路返回。与下一名队员击掌后，下一名队员出发做同样的动作。	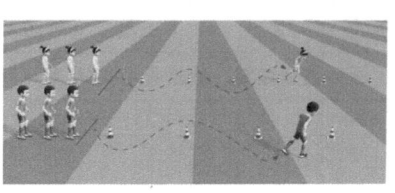	

续表

示例	
看哪一组最先完成比赛。 **指导要点**：跑步的步幅要小，这样容易变向。练习完要做整理活动	
活　动　2：夺球大战。 **场地器材**：在 40m×40m 场地内把队员分成 4 组，每一组在场地一角为自己画出一个 3m×3m 的堡垒。 **组织方法**：将若干球置于场地中间，当听到教练员的口令后尽可能多地把球运回自己的堡垒。可以运送场地中间的球，也可"偷"对方堡垒内的球，各堡垒内的队员不能防守。规定时间内得球多的一方获胜。 **指导要点**： （1）向前直线运球时要用脚背正面运球。 （2）可以用脚底拉球转身或停球变向。	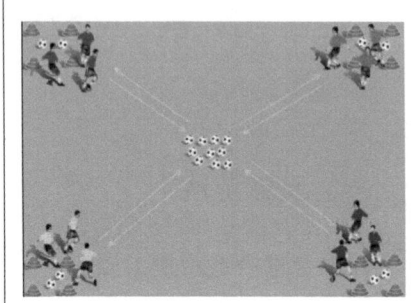
教学比赛：鲨鱼和小鱼游戏。 **场地器材**：25m×20m 场地，足球若干。球场大小可以根据参与队员的数量多少适当增减。 **组织方法**：两名队员扮演"鲨鱼"抢球；其余队员扮演"小鱼"。扮"小鱼"的队员每人一球在场地内运球，并保护球不被"鲨鱼"抢走。每条"小鱼"被抢断球后还有一次反抢的机会，反抢不成功则需退出场地。最后幸存的两条"小鱼"将在下轮游戏中扮演"鲨鱼"。 **指导要点**：扮演"小鱼"的队员之间要保持距离，避免碰撞。	

（2）无球游戏示例 2 如表 5-2 所示。

表 5-2　无球游戏示例 2

年龄：6~12 岁	主题：无球游戏		时间：90min
目标：恢复体能、放松身心，为下一步训练做好准备			
示例			
热　　身：自由运球。 **场地器材**：20m×20m 场地，每人一球。			

续表

示例

组织方法：队员在区域内带球寻找机会，用自己的球击其他带球队员的球，球被踢出区域内的队员，到区域外做 5 个俯卧撑，然后回到区域内，继续游戏。
指导要点：
（1）运球时，人球之间保持适当距离。
（2）脚触球时要低头看，两次脚触球的间隙要养成抬头观察的好习惯。

活 动 1：穿越球门。
场地器材：在 30m×30m 场地用标志盘摆出若干小球门，球门宽度为 1m。
组织方法：队员一半持球，一半无球。有球队员与无球队员随机寻找目标传接球，传球要穿过球门，成功一次得 1 分。
指导要点：要多方位寻找传球目标，通过多喊、多做手势寻找传球目标。这样成功率会大大提高，更贴合比赛的实际情况。

活 动 2：如影随形。
场地器材：足球 2 个，标志盘 9 个。
组织方法：两人一组。一名队员在前面做各种变向运球的技术动作，另一名队员在其后面模仿前者做同样的动作。也可以两人都不带球，前面队员在场地内跑动躲闪，后面的队员要随机模仿。
指导要点：如果不太熟练，前面的队员做动作时可以慢一些。

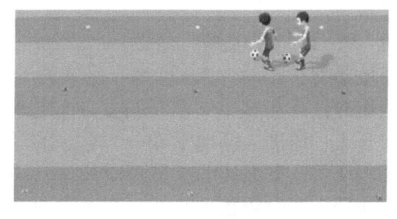

教学比赛：迷你世界杯。
场地器材：足球若干。在带球门的罚球区内进行比赛。
游戏方法：将 12 名队员分成 4 组，队员穿着不同颜色的衣服在罚球区内比赛，另设一名守门员。教练员把球踢进场地时比赛开始，先进球的队退出场地；剩下的 3 支球队再次比赛，进球队伍再退出场地；直到剩下一支没进球的队伍，被淘汰出局。剩下 3 支进球队伍进场再进行比赛继续淘汰，直到最后剩两支球队进行决赛，先进球的队伍即为迷你世界杯的冠军。
指导要点：
（1）队员间应多进行团队配合，出现机会果断射门，勿扎堆抢球。
（2）提供安全的比赛环境，根据天气情况注意保暖和补水。

二、有球游戏

（1）有球游戏示例如表5-3所示。

表5-3　有球游戏示例1

年龄：6~12岁	主题：有球游戏	时间：90min
目标：恢复体能、放松身心，利用结合球的简单活动为下一步训练做好准备		
示例		

热　　身：运球热身。 **场地器材**：足球若干。在场地内画好相距10m的起点线和终点线。 **组织方法**：5人一组，从起点线开始进行脚背正面行进间颠球练习，到达终点后再颠球返回起点线。球在哪里落地，就从哪里继续进行行进间颠球练习。 **指导要点**：集中注意力，保持身体平衡是颠好球的基础。	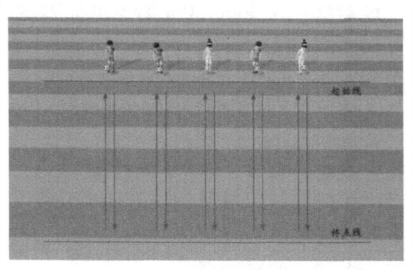
活　动　1："泥巴怪"游戏。 **场地器材**：15m×15m场地，足球若干。 **组织方法**：指定一名队员扮演"泥巴怪"，其他队员每人一球进入场地活动。"泥巴怪"入场追逐带球的队员。被抓住的队员要捡起自己的球双手高举过头顶，同时双腿叉开站在原地不动，表示被"泥巴"困住了。他可以向其他队员求助。其他队员可以用踢球穿裆的方式将他解救出来，恢复自由。直到场内所有人都困在"泥巴"中，游戏结束。 **指导要点**： （1）无论是运球还是解救的队员都不要大力踢球。 （2）寻找时机，及时解救被"泥巴"困住的队友。	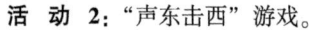
活　动　2："声东击西"游戏。 **场地器材**：足球若干，标志盘6个。 **组织方法**：教练员把球抛向远处等待练习的队员，排头队员接球后向前运球。教练员随机指向一个标志盘，运球队员按相反的方向变向运球。所有队员轮流练习，看谁变向运球又准又快。 **指导要点**：要集中注意力，控制好运球节奏，还要随时观察场上情况和教练员的手势。	

续表

示例	
教学比赛：接球射门比赛。 **场地器材**：足球若干，标志旗4根。 **组织方法**： （1）两人一组，面对面站立，间隔6~8m。小组两人中间用标志旗做1个小门。 （2）一人用脚内侧接控自己抛的反弹球，然后将球传过小门给对面的队友。队友接球后重复上述动作。5分钟之内哪组传球的次数多，哪组接控球技术就更好。 （3）熟练后可以改为两人互相接对方抛来的球再传球，提高练习难度。 **指导要点**：既接控好球又传好球，才算成功。	

（2）有球游戏示例2如表5-4所示。

表5-4　有球游戏示例2

年龄：6~12岁	主题：有球游戏		时间：90min
目标：恢复体能、放松身心，利用结合球的简单活动为下一步训练做好准备			
示例			
热　　身：传接球射门组合练习。 **场地器材**：绳梯1副，标志桶3个，足球若干，球门1个。 **组织方法**： （1）绳梯和标志桶如右图所示摆放。每相邻两个标志桶间隔2m。 （2）队员排成一队，排头队员先用快速跑的方式通过绳梯，再在"S"形跑绕过标志桶，将标志桶处的球传给教练员。 （3）教练员将球回传给这名队员。队员运球后直接射门，射门后跑至队尾，等待再次进行练习。剩余队员依次进行练习。 **指导要点**：刚开始练习时队员传球给教练员可以慢一点儿，熟练以后加快练习速度。另外，要在移动中接教练员的回传球。			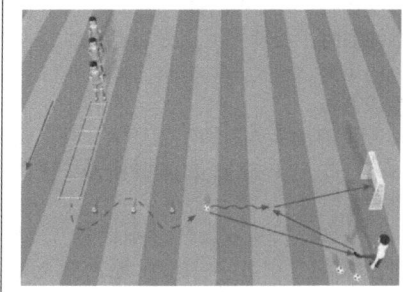
活　动　1："喂猴"游戏。 **场地器材**：足球若干；标志桶12个如右图所示摆放。			

示例

组织方法：

(1) "游客"站在大圈外持球传球，"猴子"站在小圈内接球并回传，"管理员"阻止他们之间传球。"猴子"成功接球并回传给任一"游客"即得1分。队员都不能离开自己的区域，并且"游客"间可以互相传球。3分钟后，看哪只"猴子"得分多。

(2) 进行角色轮换，保证所有队员都扮演过"猴子""管理员"和"游客"3种角色。这3种角色对应发展的足球能力各有不同。

指导要点：

(1) "管理员"要提高预判能力。

(2) 变向后要加速把球带到开阔的空间。

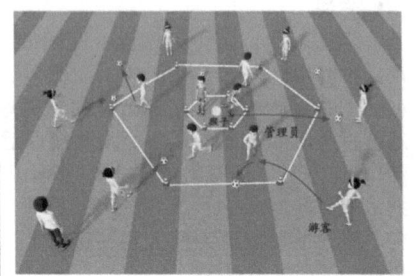

活 动 2：

场地器材：足球若干。

组织方法：以小组为单位，一名队员负责抛球，其他队员进行接球接力，抛接球距离为6~8m。接球队员用脚接控球后再回传给抛球队员，组内队员轮流进行练习。在规定时间内看看哪名队员完成的总次数最多。

指导要点：接球前的观察和移动非常重要，接好球是传好球的基础。

教学比赛：4对4比赛。

场地器材：足球若干，标志盘1个，小栏架3个，球门1个。

组织方法：

(1) 所有物品如右图所示摆放。将队员分成A、B两组，先由B组队员负责抛球，A组队员依次练习。

(2) A组队员先双脚跳过小栏架，然后接B组队员抛来的空中球，待球在地面弹起后踢空中球射门。

指导要点：

(1) 刚开始练习时可以让球反弹2~3次后再射门。

(2) 射门时要判断好空中球的反弹路线，把握好射门时机。

（3）有球游戏示例 3 如表 5-5 所示。

表 5-5　有球游戏示例 3

年龄：6~12 岁	主题：有球游戏	时间：90min
目标：恢复体能、放松身心，利用结合球的简单活动为下一步训练做好准备		
示例		

热　　身：自由运球。

场地器材：15m×15m 场地，每人一球。

组织方法：队员在原地双脚拨球做好准备，当教练员拍一次手时队员用膝盖把球停住，当教练员拍两次手时队员趴下用胸停球，拍三次手时队员用头停住球。做错的队员原地坐下，最后剩下的队员获胜。

指导要点：练习时注意力一定要集中，提高球性和身体的灵活性是前提。

活　动　1：抢球游戏。

场地器材：20m×20m 场地，足球若干，标志桶 8 个。

组织方法：

（1）将队员分成人数相等的 4 组，如右图所示站位。场地中间放若干足球。

（2）开始后，每组排头队员跑向场地中间抢球，并把球踢回各自队伍所在的区域。此外，排头队员也可以抢其他队伍已抢到的球，并传回自己的队伍。除抢球的队员之外，其他队员只能接球，不能离开本队区域，也不能阻止对方抢本队的球。5min 后抢球最多的一组获胜。

指导要点：控制好力度，不要把球踢得太远。练习时用脚内侧和脚外侧控球，不要使用脚尖。

活　动　2：2 抢 4 游戏。

场地器材：8m×8m 场地，足球 1 个，标志盘 4 个。

组织方法：4 名队员在场地外围互相接球，中间两名队员进行抢断。被抢断的队员要替换中间的队员，然后继续游戏。

指导要点：根据队员的技术水平，可以随时调整场地大小和触球次数。要及时处理球，不要犹豫。抢球的两名队员要互相配合，协同防守。

续表

示例

教学比赛：4 对 4 比赛。 **场地器材**：将 10m×10m 场地分成 4 等份，足球若干。 **组织方法**： （1）3 人一组，分成 4 组；每组队员分别位于各自的区域内。 （2）组内队员依次用脚背正面颠球。颠球时每人有 3 次球落地的机会，3 次后由下一名队员颠球。 （3）教练员统计在规定时间内各组队员颠球的总数，颠球总次数最多的组获胜。 （4）各组队员必须在规定的区域内进行颠球，球出界一次按球落地一次来计算。 **指导要点**：要有团队合作意识，多鼓励队友。	

中　篇

——中级阶段

第六章 ▶ Chapter 6

中级阶段训练理念及规划

第一节　中级阶段年度训练计划

中级阶段定义在 13~15 岁年龄段。该阶段，队员已经具有了一定的经验和较好的足球基础。中级阶段年度训练计划表示例如表 6-1 所示。

表 6-1　中级阶段年度训练计划表示例

月份	身体训练	技术训练	战术训练
2 月	熟练、巩固、提高上一学期训练内容		
3 月	变向、变速跑；柔韧性、灵敏性	拨、拉、扣、挑过人技术	多形式 3 对 1 练习
4 月	多形式跳跃；下肢小力量；柔韧性、灵敏性	各种假动作过人技术	多形式 4 对 2 练习
5 月	多形式跳跃；下肢小力量；柔韧性、灵敏性	1 对 1 射门练习	多形式 5 对 2、5 对 3 练习
6 月	反应速度、动作速度；下肢小力量	2 对 1、3 对 1 套边	1 对 1+接应队员射门练习
7~8 月	协调性、柔韧性；上肢小力量	3 人配合射门练习	3 对 1、4 对 2、5 对 2、5 对 3 练习
9 月	熟练、巩固、提高上一学期训练内容	3 人一组抢球、断地滚球练习	熟练、巩固、提高上一学期训练内容
10 月	反应速度，动作速度；下肢小力量	自颠自停球练习	罚球区 30m 区域配合：中路、边路进攻

续表

月份	身体训练	技术训练	战术训练
11 月	反应速度、动作速度；灵敏性	自颠自停球射门练习	多形式 3 对 3、4 对 3 练习
12 月	室内体操；下肢小力量	基本头球练习	多形式 4 对 4 练习

第二节　中级阶段周训练计划

中级阶段的比赛通常安排在周末。周训练计划应围绕比赛日确定训练的内容。一般是在比赛后的第一、二天进行有氧训练；第三、四天进行大强度的训练；在赛前的倒数第二天进行恢复调整，赛前一天进行准备。

一、中级阶段周训练计划的组织方式

中级阶段周训练计划的组织方式如下：

1. 战术

在周训练的初期，可以先设置一些简单的战术练习，然后逐渐增加战术的复杂性。

2. 技术

在周训练的初期以非对抗性技术练习为主，目的是提高练习的质量。在周训练的末期以对抗性技术练习为主，目的是提高队员的竞争意识、速度和强度。

3. 体能

在周训练初期以伤病治疗和力量训练为主，周训练中期以耐力训练为主，周训练末期以速度训练为主。

二、中级阶段周训练内容

中级阶段周训练的目标是提高队员的中前场组织进攻的能力，训练时间为 100min，具体的内容安排如表 6-2 所示。

表 6-2　中级阶段周训练内容示例

项目	周一	周二	周三	周四	周五	周六	周日
身体	灵敏性、协调性	核心力量练习	灵敏性、协调性	核心力量练习	游戏	灵敏性、协调性	休息
技术	假动作运球过人	中前后场专项训练	假动作运球过人	中前后场专项训练	运球过人射门	运球过人射门	休息
战术	小场地传接球对抗	中前后场专项训练	小场地传接球对抗	中前后场专项训练	小场地小球门比赛	大球门小场地比赛	休息
比赛	有球门小场地比赛	区域小场地对抗	有球门小场地比赛	战术比赛	大球门小场地比赛	大球门小场地比赛	休息

第三节　中级阶段年度训练内容安排

13～15 岁的青少年正处在青春期，此阶段是身体发育的第一高峰，也是学习足球的黄金时期，对球员的成长起着决定性作用。但是，此阶段球员的形态、机能和心理上的改变非常明显。

一、中级阶段球员特点

（1）中级阶段球员进入青春期，其心理和生理会发生很大变化。

（2）中级阶段球员的情绪易变，会对抗权威，易冲动（先做后想），智力迅速发育，渴望证明自己在团队中的地位。

（3）生长激素的作用，使此阶段球员的肌肉力量有所增强，因此中级阶段很适合球员进行力量性的训练。

二、中级阶段教练员训练注意事项

（1）教练员需要认清这一阶段工作的重要性，有效地引导球员向更好的方向发展。教练员应帮助队员加强团队合作，并教会他们如何将能力运用到实践中。

（2）中级阶段很适合球员进行力量性的训练，但个体也存在着发育差异。为了增强球员的灵活性和移动性，教练员要特别注意球员核心力量的提高。

（3）球员在该阶段训练中需要逐步提高训练的量和强度，教练员应让球员在高强度的训练中提高自己的技战术能力。

（4）教练员要在队内营造竞争的氛围，让球员把胜利当作主要目标。

三、中级阶段年度训练内容

中级阶段年度训练内容如表 6-3 所示。

表 6-3　中级阶段年度训练内容

项目	技术	战术	体能	心理
任务	在比赛情境中用左右脚完成技术动作	掌握比赛中进攻、防守、攻防转换的战术	加强体能和力量（最大力量），重点练习核心力量和脊柱稳定性	确保在有积极鼓励的情境下充分发掘球员潜力
内容	①传接球 ②颠控球 ③运球及运球过人 ④射门 ⑤1对1攻防 ⑥传中 ⑦头球攻防 ⑧保护球 ⑨抢截球	①进攻战术 ②防守战术 ③控球战术 ④无球跑动 ⑤控制节奏 ⑥整体移动 ⑦预判、压迫、协防	①力量（最大力量、力量耐力、爆发力） ②耐力（有氧耐力，乳酸性无氧耐力、非乳酸性无氧耐力） ③速度（最大速度、非循环性速度） ④关节柔韧性 ⑤协调、平衡性	①自信 ②团队协作 ③决策 ④注意力集中 ⑤竞争意识 ⑥责任感 ⑦沟通

四、中级阶段年度训练课时安排

中级阶段年度训练课时安排如表 6-4 所示。

表 6-4　中级阶段年度训练课时安排

指标	训练量	指标	训练量
训练周数	45 周	每月训练总时间	2500min
每周训练次数	6 次	全年训练量	27500min
每课训练时间	100min 左右	全年训练总时间	450h
每周训练总时间	600min	全年进行的友谊赛	35 场

第四节　中级阶段球员身心发展特点与教学措施

每一年龄段球员的身心发展都有其特性，训练过程中，教练员要根据各年龄段球员的生理、心理发展特点，有针对性地进行训练，从而使球员在轻松、愉快的环境中获得知识，积极主动地完成训练任务。各年龄段球员身心发展特点与教学措施如表6-5~表6-7所示。

表6-5　13岁球员身心发展特点与教学措施

	发展特点	教学措施
身体	身体姿势和肌肉力量欠佳	让球员知道练习中保持正确身体姿势的重要性
	身体快速生长但不平衡	设计自由发挥及保持正确身体姿态的练习
	女生发育比男生快	以大肌群活动为主，注意男、女生活动的差异
	男、女生发育差异大	根据发育情况，设计接近其极限能力的活动
	快速发育导致身体不协调	避免对抗性激烈的游戏及高密度有氧运动
	心肺发育落后于四肢	提供间歇性耐力活动
	对身体外形敏感，意识到身体姿态的重要	让球员知道正确身体姿态的重要性
	需要体能活动	通过渐进的方式发展体能，挖掘潜力
心理	喜欢竞争但害怕在众人面前失败	提供低挑战性且低竞争性的活动
	情绪强但自控力差	发挥主观能动性，设计活泼多变的活动
	有归属团体的需要	强化球员的成功体验，减少挫折、失败，避免处罚、批评，让其感觉到团体需要他
	有安全需要及被接受需要	

表6-6　14岁球员身心发展特点与教学措施

	发展特点	教学措施
身体	身体姿势和肌肉力量欠佳	让球员知道练习中保持正确身体姿势的重要性
	身体快速生长但不平衡	设计自由发挥及保持正确身体姿态的练习
	女生发育比男生快	以大肌群活动为主，注意男、女生活动的差异

续表

	发展特点	教学措施
身体	男、女生发育差异大	根据发育情况，设计接近其极限能力的活动
	快速发育导致身体不协调	避免对抗性激烈的游戏及高密度有氧运动
	心肺发育落后于四肢	提供间歇性耐力活动
	对身体外形敏感，意识到身体姿态的重要	让球员知道正确身体姿态的重要性
	需要体能活动	通过渐进的方式发展体能，挖掘潜力
心理	喜欢竞争但害怕在众人面前失败	提供低挑战性且低竞争性的活动
	情绪强但自控力差	发挥主观能动性，设计活泼多变的活动
	有归属团体的需要	强化球员的成功体验，减少挫折、失败，避免处罚、批评，让其感觉到团体需要他
	有安全需要及被接受需要	
	狂暴、侵犯、不安、怀疑、反抗	冷静对待球员突发的情绪，单独与其交流
	独立性开始发展	提高球员在活动中的作用

表 6-7　15 岁球员身心发展特点与教学措施

	发展特点	教学措施
身体	身体快速生长但不平衡	设计自由发挥及保持正确身体姿态的练习
	女生发育比男生快	以大肌群活动为主，注意男、女生活动的差异
	男、女生发育差异大	根据发育情况，设计接近其极限能力的活动
	快速发育导致身体不协调	避免对抗性激烈的游戏及高密度有氧运动
	心肺发育落后于四肢	提供间歇性耐力活动
	对身体外形敏感，意识到身体姿态的重要	让球员知道正确身体姿态的重要性
	需要体能活动	通过渐进的方式发展体能，挖掘潜力
心理	喜欢竞争但害怕在众人面前失败	提供低挑战性且低竞争性的活动
	有归属团体的需要	强化球员的成功体验，减少挫折、失败，避免处罚、批评，让其感觉到团体需要他
	有安全需要及被接受需要	
	狂暴、侵犯、不安、怀疑、反抗	冷静对待球员突发的情绪，单独与其交流
	独立性开始发展	提高球员在活动中的作用

第七章 ▶ Chapter 7

中级阶段训练指导

第一节　中级阶段训练基本原则

足球训练原则是长期足球训练实践经验的总结和概括，是足球训练客观规律的反映，是足球训练中必须遵循的基本要求和准则。正确地理解和贯彻中级阶段的足球训练原则，可使教练员进一步掌握和运用足球训练的客观规律，对提高训练效率、改善训练效果具有重要意义。

一、主体性原则

足球训练过程中，队员始终是足球学习的主体，训练活动要围绕队员的需要和特点来安排。队员应在教练员的指导下积极主动地参与训练活动，充分发挥自身的自主性、主动性和创新性。

二、懂规守矩、养成教育原则

13~15 岁的队员正值行为养成期，可塑性非常强。教练员首先要在平时的训练中，做到仪容端庄、衣着整洁、行为规范、举止文明，表现出良好的人文修养，为队员做好表率。

三、循序渐进原则

中级阶段是技战术的全面学习阶段，教练员在训练中要从简到繁、由易到难，循序渐进地发展和提高队员的足球水平。训练的目标方向越清晰，目标任务越可行，目标距离越接近，球员学习足球的信心、动力和成就感就越强。

四、细节性原则

态度决定努力的过程，细节决定努力的结果。尤其是在 13~15 岁年龄段，更要有注重培养技战术细节方面的训练，特别要注重细节的质量。这就要求教练员要认真制订训练计划，将计划细化为训练的实施细则。对技战术教学的细节，要有严格细致的要求，做到一丝不苟。

五、练赛结合的原则

训练中所选择的内容，采用的方法、手段要尽可能地与比赛保持一致。经由比赛检验训练中存在的问题，通过反馈使训练日趋完善。

六、综合发展、区别对待、培养特长原则

13~15 岁的队员正处于各项技战术的全面发展阶段，但是队员自身条件各有不同，教练员要结合队员的具体情况和比赛中的位置职责，在综合提高、全面发展的前提下，注重培养个人运动技能特长。

在训练过程中，教练员既要满足全面发展的一般要求，又要满足针对队员个人特长的个别要求，并鼓励队员在比赛中充分发挥创造性，给予他们在训练和比赛中自由发挥的空间。

七、因地制宜原则

教练员应根据队员状态、场地条件、环境气候等实际情况，对原先的训练设计进行合理的调整，避免生搬硬套、过于僵化。

为此，教练员要不断丰富自己的实践经验，认真学习，提高理论水平，真正把握不同训练条件下开展训练的要点，做到各种条件下都会组织训练。特别要注意更多利用小场地比赛形式，提高队员的比赛实战基础能力。

第二节　中级阶段技战术训练指导

中级阶段，要求足球队员必须精通并掌握所有的足球技术动作，还必须具备一定的战术素养。除此之外，协调性、灵敏性、速度等也应得到训练和提高。

8~12岁是身体的协调性、灵敏性和速度发展最迅速的时期，这个阶段更要注重比赛质量。足球学习是一个过程，有它自身的规律，不能违背规律行事。

一、中级阶段技战术训练目标

1. 技术训练方面

（1）在对抗和比赛环境中，能够更加熟练和准确合理地运用与完成传、接、运、射技术动作，技术运用的实效性明显提高。

（2）在对抗和比赛环境中，能够合理运用个人防守技术动作，防守行动具有较好的合理性和攻击性。

2. 战术训练方面

（1）能够更加熟练地掌握与运用个人、小组和局部攻防战术。

（2）主动控制比赛的能力和意识有所增强。

（3）能较好地遵循攻守原则，更好地履行位置职责。

（4）在比赛的重要时刻，特别是由守转攻和由攻转守时，具有较强的快速转换意识与采取合理行动的能力。

（5）在比赛中能更好地发挥创造性和想象力。

二、中级阶段技战术训练基本内容

1. 技术训练方面

（1）在对抗状态下和快速移动中传、接、控、运、射等组合技术练习。

（2）在面对压力下（狭小空间内）快速准确完成动作的练习。

（3）结合比赛进行正面防守练习。

（4）结合战术练习，进行基本位置技术练习。

2. 战术训练方面

（1）个人战术：①以提高队员合理选择攻防手段与策略，采用多种形式的限定区域与限定条件的以攻防为主的 1 对 1 练习；②加强进攻时个人无球队员利用跑位制造空当、插入空当、接应和支持持球队员的练习；③加强个人攻守转换的战术练习；④加强压迫、盯人、盯位等战术练习。

（2）小组战术：①不同区域、位置，以接近比赛条件下的 2~3 人进攻练习；②加强 3 人小组防守的战术练习；③加强小组攻守快速转换的战术练习。

（3）局部战术：①加强 3 条线的进攻与防守练习；②加强边路或中路攻防的练习。

（4）全队战术：①加强 11 人制下比赛阵型和攻守队形练习；②加强进攻与防守快速转换战术练习；③加强定位球的攻防练习。

三、中级阶段技战术训练基本要求

（1）设计好的每项练习必须获得最佳效果。每名球员必须清楚任务目标，以及完成任务的途径。

（2）要获得成功，循序渐进是最基本的方式。

（3）训练课上避免安排过多的练习项目（1~2 项足矣）。

（4）每项练习一定要保证准确、无误。

（5）避免错误的重复。

第三节　中级阶段体能训练指导

一、中级阶段球员身心发展的特点

中级阶段球员的训练必须依据身心发展规律循序渐进地进行。每项身体素质都有它自身的敏感发展阶段。所以，对于足球教练员来讲，熟知这些知识至关重要。在中级阶段体能训练中应该以耐力素质和力量素质（13~15 岁）为主，其他身体素质因为已过敏感期，所以通过练习提高的幅度不大，重点应该是组合练习。

二、中级阶段体能训练目标

中级阶段体能训练目标如下：

（1）有氧耐力素质得到更大的提高。

（2）在速度与专项速度方面特别是动作速率上有明显的进步。

（3）核心力量得到进一步加强。

（4）身体各部位，特别是踝关节、膝关节、髋关节的灵活性、柔韧性得到进一步提高。

三、中级阶段各项身体素质训练内容

1. 力量素质训练

中级阶段的队员正处于青春期，其生理和心理会发生很大变化。这个阶段很适合队员进行力量性的训练，但队员间可能存在发育差异，导致力量情况各有不同。另外，此阶段队员往往会失去灵活性和移动性，因此核心力量的训练显得至关重要。

2. 耐力素质训练

13～15 岁的队员较适于耐力训练，主要方法是让队员以 75% 的速率进行长跑。这个年龄段的队员心脏对体力消耗所需的能量比成人更多，因为队员每分钟心跳及心率变化在这个阶段表现得不明显。教练员应根据这个年龄段队员的机能特点，合理设计体能训练和监控训练效果。

3. 速度素质训练

根据不同年龄阶段的特点，7～12 岁的队员一般适于做机械运动，如快速跑，14～15 岁达到最大值。所以中级阶段是队员速度训练的最好时机。跑动速度取决于步频和步长两个变量，肌肉爆发力的提高和肌肉放松能力的增强能显著提高跑速，而肌力大小、髋关节柔韧性与下肢长度决定步长，所以教练员要通过有针对性地训练队员的下肢肌肉力量和髂关节的柔韧性来提高其速度。

4. 柔韧素质训练

中级阶段的柔韧素质需要经常进行保持性练习，否则退化会比较严重。

5. 灵敏素质训练

13～15 岁，队员的速度、力量、爆发力都具有了较好的基础，此阶段是发展灵敏素质的最佳时期。

第八章 ▶ Chapter 8

中级阶段准备期实践课

一、脚内侧踢、接空中球

脚内侧踢、接空中球训练示例如表 8-1 所示。

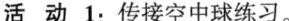

表 8-1　脚内侧踢、接空中球训练示例

年龄：13~15 岁	主题：脚内侧踢、接空中球
目标：熟悉球感，提高脚内侧传接空中球能力	
示例	
热　身：4 人颠球练习。 **场地器材**：10m×10m 区域，每组一球。 **组织方法**：4 人一组，一人做颠球练习，将球颠过头顶为信号，其他 3 人迅速向两侧散开 5m，然后颠球的队员将球传给其他任意一名队员，这名队员接球后继续颠球，其他 3 人迅速向他靠拢。依次重复练习。 **指导要点**：散开和靠拢要迅速，并且无球队员要始终注视着球。	
活　动　1：传接空中球练习。 **场地器材**：在 30m×20m 区域内如右图所示摆放标志杆和标志盘，每组两个球。 **组织方法**： （1）循环 A 起点队员快速绕过标志杆后接队友空中球，直接传回，然后跑至抛球队员处。 （2）循环 B 起点队员快速绕过标志杆后接队友空中球，之后运球跑至抛球处。 （3）循环 A 抛球队员跑至循环 B 起点，循环 B 抛球队员跑至循环 A 起点。依次循环练习。	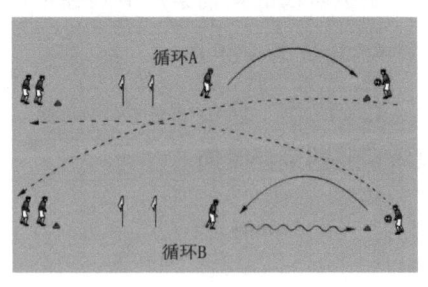

续表

示例	
指导要点： (1) 传接空中球必须用脚内侧。 (2) 抛球队员注意抛球的时机和高度。	
活 动 2：1 对 1 摆脱传球练习。 **场地器材：**15m×5m 区域，4 人两球。 **组织方法：** (1) 站在两侧的队员持球，中间两名队员一攻一防。 (2) 进攻队员向一侧快速摆脱防守后直接踢回抛来的空中球。 (3) 依次循环交替练习。 **指导要点：** (1) 快速地变向、变速，利用假动作摆脱防守。 (2) 控制好触球的部位和力量。	
小组比赛：5 对 5 四球门比赛。 **场地器材：**在 30m×15m 区域底线放置两个小球门。 **组织方法：**在域内进行 5 对 5 的四球门比赛，界外球用手发，规定时间内进球多的为胜队。 **指导要点：**压缩场地宽度是为了增加界外球的机会，在比赛中掌握脚内侧传接空中球技术。	

二、对抗中脚内侧接球

对抗中脚内侧接球训练示例如表 8-2 所示。

表 8-2　对抗中脚内侧接球训练示例

年龄：13~15 岁	主题：对抗中脚内侧接球
目标：提高对抗中脚内侧接各种形式来球的能力	
示例	
热 身：接炸弹。 **场地器材：**15m×15m 场地，足球若干。 **组织方法：** (1) 持球队员站成一个大圈，一名接球队员站在圈的中间。	

示例
（2）持球队员依次向圈内抛球，并同时喊"头球""抱球""脚内侧接球""大腿接球"等口令，接球队员根据口令接球并回传。 （3）所有队员循环进行游戏。 **指导要点：** （1）通过游戏提高队员的兴奋性和注意力。 （2）提醒队员观察来球方向和口令。 
活 动 1：摆脱接球。 **场地器材**：20m×15m区域，4人两球。 **组织方法：** （1）4人一组，起始时两标志盘处队员持球。 （2）中间无球队员从中间标志盘处分别向两侧快速摆脱跑动，然后接球后直接转身，将球传给对面标志盘处队员。 （3）传球后再次回到中间标志盘，准备下一次接球。 （4）4人交替循环练习。 **指导要点：** （1）队员传球后，接球队员同时迅速向两侧跑动接球。 （2）根据来球角度和转身方向，选择左脚或右脚接球。 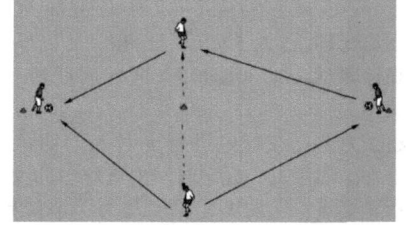
活 动 2：1对1摆脱接球练习。 **场地器材**：20m×15m区域，4人一球。 **组织方法：** （1）4人一组，起始时两端标志盘处一名队员持球。 （2）中间无球队员一人进攻，一人防守。进攻方试图摆脱防守，接空中球后将球传给对面队员。 （3）防守队员如果抢断成功，则交换进攻权。 （4）4人交替循环练习。 **指导要点：** （1）进攻队员注意与持球人进行交流（身体语言）。 （2）快速摆脱，接球后直接转身，将球接控在有利于自己的位置上。 

续表

示例	
小组比赛：3 对 3+2 传接球比赛。 **场地器材**：在中间标出 15m×15m 的比赛区域，比赛区域外 15m 标出 5m×5m 的接应区域。 **组织方法**： （1）区域内进行 3 对 3 的比赛，持球队员每次触球不能超过 3 次。两侧每队分别设置两名接应队员。 （2）控球方争取在最短时间内将球长传至两侧本方接应队员处。 （3）接应同在接应区域内将球接控好即为得分，得分后与刚才传球队员交换位置。 （4）若球没有传至接应区域内则交换球权。 （5）依次循环练习。 **指导要点**：快速完成传接球，根据来球的高度、力量选择合适的部位接球。	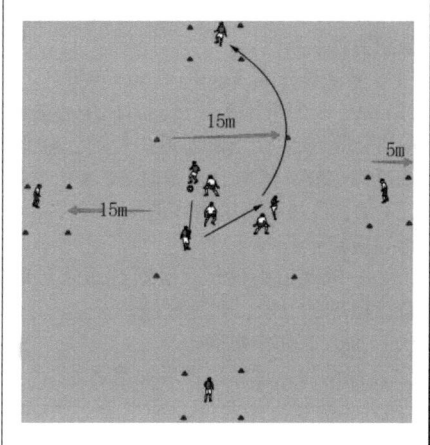

三、运球过人

运球过人训练示例如表 8-3 所示。

表 8-3　运球过人训练示例

年龄：13~15 岁	主题：运球过人
目标：提高 1 对 1 时利用变速、变向、假动作过人的能力	

示例	
热　身：5 对 5 橄榄球比赛。 **场地器材**：30m×30m 区域，10 人一球。 **组织方法**： （1）所有比赛都用手进行，允许对持球队员进行"搂抱"以阻碍进攻。 （2）只能向后传球，不能向前传球。向前的进攻只能通过持球跑来完成。 （3）持球跑过对方底线即为得分。 **指导要点**：鼓励队员进行个人持球突破，合理掌握比赛尺度，避免队员受伤。	

续表

示例	
活　动　1：十字队形运球过人练习。 **场地器材**：20m×20m 区域，每人一球。 **组织方法**： (1) 将队员分成 A、B、C、D 四组。 (2) A、B 两组排头队员同时向中心处的标志杆方向进行运球练习，临近标志杆时，做假动作变向绕过标志杆，然后分别跑向 B、A 的队尾。 (3) C、D 两组依次循环进行。 **指导要点**： (1) 一定要抬头观察，根据对面队员的位置选择自己运球的方向，避免碰撞。 (2) 加大假动作幅度。 (3) 假动作晃过标志杆后加速运球。	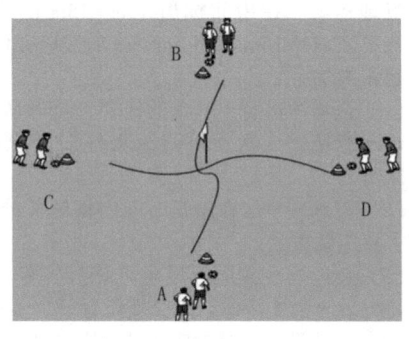
活　动　2：1 对 1 运球过人。 **场地器材**：15m×8m 区域。 **组织方法**： (1) 防守队员持球，将球传给对面进攻方，然后向前跑动，进行防守。 (2) 进攻方运球过人后到达对面底线，即为得分。 (3) 双方依次轮流交换练习。 **指导要点**： (1) 鼓励队员大胆做动作。 (2) 注意运球节奏的变化和与防守队员之间的距离。	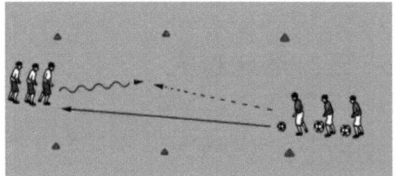
小组比赛：5 对 5 运球过线比赛 **场地器材**：30m×30m 区域。 **组织方法**：将球运过对方底线并及时踩住球即为得分。 **指导要点**： (1) 鼓励持球队员大胆进行运球突破。 (2) 无球队员积极跑位，拉开空间，制造运球突破的机会。	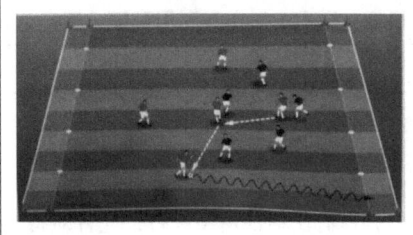

四、接地滚球后运球过人射门

接地滚球后运球过人射门训练示例如表 8-4 所示。

表 8-4　接地滚球后运球过人射门训练示例

年龄：**13~15 岁**	主题：接地滚球后运球过人射门
目标：提高接地滚球后过人结合射门的能力	

示例

热　　身："赶羊入圈"游戏。 **场地器材**：20m×20m 的区域。 **组织方法**： （1）5 人一组手拉手围成一圈站在一侧边线外，将球放在中间。 （2）5 人之间通过互相传球的方式同时往前跑，先到达对面的小组为胜队。 **指导要点**： （1）强调相互之间的交流沟通。 （2）可以通过增加球的数量改变游戏的难度。	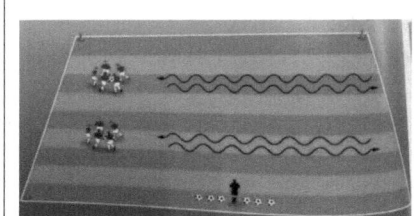
活　动　1：接地滚球后变向运球射门。 **场地器材**：在 30m×20m 区域内如右图所示摆放器材，每人一球。 **组织方法**： （1）标志盘处无球队员快速跑至目标区域，同时呼喊左右两侧任意一名队员传球。 （2）目标区域队员接球后运球绕过标志杆射门。 （3）两侧传球队员跑至标志盘处等待下次接球，射门队员捡球后跑至传球队员处。 （4）循环进行练习。 **指导要点**： （1）传球队员必须传地滚球，同时注意传球的时机。 （2）接球队员接球后迅速绕过标志杆，同时尽量以最少的触球次数完成射门。	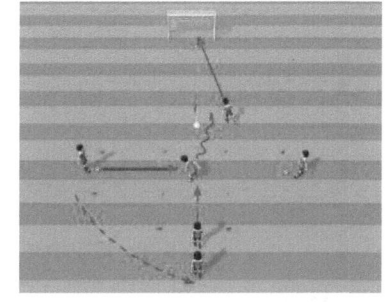
活　动　2：1 对 1 运球过人射门。 **场地器材**：1/2 足球场，在罚球区前面标出 10m×10m 区域，两人一球。 **组织方法**：罚球区前防守队员将球传给进攻队员，进攻队员接球后运球过人，完成射门。 **指导要点**：进攻队员注意运球节奏的变化，完成过人后第一时间完成射门。	

示例	
小组比赛：4 对 4+2 比赛。 **场地器材：**在 30m×20m 的大区域内两个底线处放置两个大球门；在区域中间用标志盘标出 15m×15m 的小区域。 **组织方法：** （1）在小区域内进行 4 对 4 的比赛，每个进攻方的小区域外设置一个自由人。 （2）小区域内进攻方在 5 次传球之内，必须将球传给自由人，然后传球者跟进，接自由人传球射门。若 5 次传球之内没有将球传给自由人，则交换球权。 （3）除了射门者外，其余 5 名队员均不能出小区域；球出界或射门不进，交换球权。 **指导要点：** （1）自由人应积极地横向跑动，接应队友传球，且必须一脚出球。 （2）在区域内传控球时，注意抬头观察自由人位置，随时准备向前传球，形成突破。	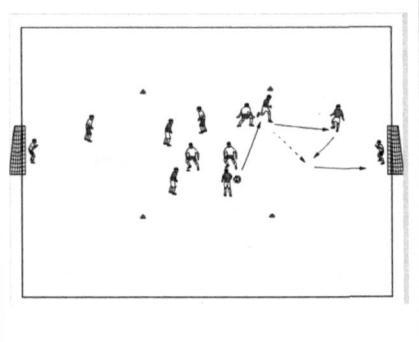

五、接空中球、反弹球后运球过人射门

接空中球、反弹球后运球过人射门训练示例如表 8-5 所示。

表 8-5　接空中球、反弹球后运球过人射门训练示例

年龄：13~15 岁	主题：接空中、反弹球后运球过人射门
目标：提高接空中球、反弹球后过人结合射门的能力	
示例	
热　身："模仿秀"游戏。 **场地器材：**20m×20m 场地，每人一球。 **组织方法：** （1）每人一球以一名队员为中心，其他人呈圆形散开。 （2）中间队员用自己娴熟的接球技术自抛自接，其他队员进行模仿。 （3）依次交替进行练习。 **指导要点：**要集中注意力观察球的落点和方向，可以增加球落点反弹次数等要求。	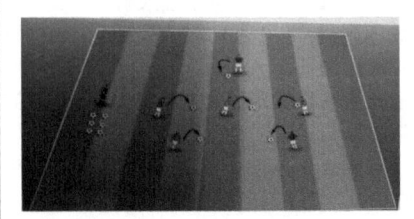

续表

示例

活 动 1：快速活动中接球后变向运球射门。
场地器材：在 30m×20m 区域内如右图所示摆放器材，每人一球。
组织方法：
（1）A 处队员快速跑通过绳梯，接 B 处队员抛来的球之后运球绕过标志杆射门。
（2）射门后 A、B 处队员互换位置。
（3）依次循环进行练习。
指导要点：
（1）接球队员根据来球的方向和高度选择合适的部位接球，并将球控在有利于下一个动作的位置。
（2）抛球队员注意抛球的时机和高度。

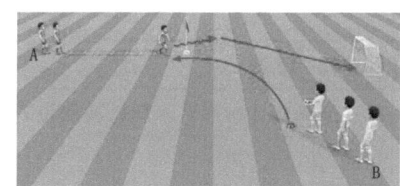

活 动 2：1 对 1 侧面接球后运球过人射门。
场地器材：在 30m×20m 区域内如右图所示摆放器材，每人一球。
组织方法：
（1）A 处队员快速跑入目标区域接教练员抛来的空中球，之后运球突破 B 处跑来的防守队员。
（2）B 处队员与 A 处队员同时启动跑入目标区域进行防守。
（3）射门或抢断之后 A、B 处队员互换。
（4）依次循环练习。
指导要点：
（1）进攻队员要快速启动，争取在防守队员到位之前将球控好，以便于下一步的运球过人。
（2）进攻队员根据来球的方向、高度及防守队员的位置，选用合适的部位接空中球，并将球控在有利于自己的位置。

小组比赛：压缩场地比赛的 5 对 5 比赛。
场地器材：罚球区边线延长至中线，两侧各设置一个大球门。
组织方法：
（1）在区域内进行 5 对 5 比赛，每个球门设一名守门员。
（2）界外球用手发，规定时间内进球多的小组获胜。
指导要点：
（1）多创造界外球的机会。
（2）鼓励队员接球后快速完成个人突破。

六、接球后转身运球过人射门

接球后转身运球过人射门训练示例如表 8-6 所示。

表 8-6　接球后转身运球过人射门训练示例

年龄：13~15 岁	主题：接球后转身运球过人射门
目标：提高接各种形式来球后转身过人结合射门的能力	

示例	
热　身： "贴名牌" 游戏。 **场地器材：** 30m×30m 场地，每人一球。 **组织方法：** (1) 每人一球在区域内自由运球，并且每个人手中握有数个可贴附的号码牌。 (2) 运球过程中找机会将号码牌贴到其他人背后。 (3) 规定时间内，背贴最少的队员获胜。 **指导要点：** (1) 运球过程中注意抬头观察，尤其是身后的情况。 (2) 鼓励队员不停地运球转身。	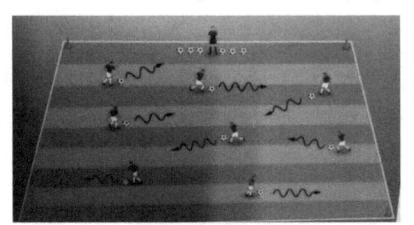
活　动 1： 接球转身变向运球射门。 **场地器材：** 在 30m×20m 区域内如右图所示摆放器材，每人一球。 **组织方法：** (1) 所有队员在球门后面等待，教练员抛球后，一名队员快速上前接球。 (2) 接球前，按照教练员指挥向左或右转身，绕过标志杆后射门。 (3) 循环进行练习。 **指导要点：** (1) 根据来球高度和转身方向选择合适的部位接球。 (2) 接空中来球时，接球前尽量减少球落地的次数。	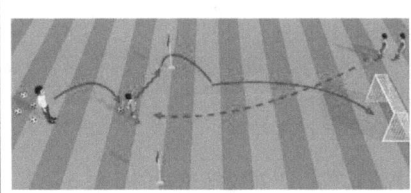
活　动 2： 1 对 1 接球转身过人射门。 **场地器材：** 在 30m×20m 区域内如右图所示摆放器材，每人一球。 **组织方法：** (1) 将队员分成两组，队员分别站在两个标志盘后	

续表

示例	
面；听到教练员口令后，每组各出一人快速向前绕过标志杆后跑回接教练员抛球。 （2）接到球的队员进攻，未接到球的队员防守。进攻方目标是运球过人，最终完成射门。 （3）依次循环练习。 **指导要点：** （1）双方听到口令后，快速启动，力争取得球权。 （2）进攻方力争在防守方逼抢到位前接球转身，以便下一步运球过人。	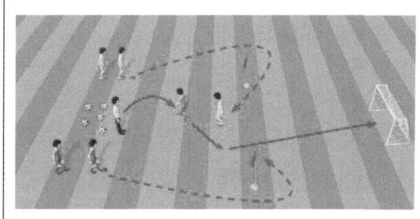
小组比赛：设有后场自由人的5对5攻防。 **场地器材：**在40m×20m区域内放置4个小球门，在门前6m处各画一条限制线。 **组织方法：**在区域内进行5对5四球门比赛，进攻方只能在射门区内射门。另外，两队各有一人在本方射门区内做接应自由人，防守方不可以对其进行防守；自由人可以接应传球、组织进攻，也可以在本方射门区内进行防守。 **指导要点：**鼓励队员接自由人传球后运球转身完成突破和射门。	

七、跳起侧面头顶球射门

跳起侧面头顶球射门训练示例如表8-7所示。

表8-7　跳起侧面头顶球射门训练示例

年龄：13~15岁	主题：跳起侧面头顶球射门
目标：提高对抗中侧面头顶球射门的能力	
示例	
热　　身：手抛头顶球射门游戏。 **场地器材：**在20m×20m区域内每一侧摆放两个小球门，门前标出一条2m的线。 **组织方法：** （1）在区域内进行5对5，只能用手传球，不得抱球跑和拍球。	

续表

示例
(2) 射门只能用头顶球。 (3) 射门必须在 2m 线外，但进攻队员可以进入传球，防守队员不得进入。 **指导要点：** (1) 鼓励队员多射门。 (2) 加大无球跑动和及时观察队友位置。

活 动 1：过障碍物侧面头顶球射门。

场地器材：小球门 1 个，标志盘、跳栏若干。

组织方法：

(1) A、B 区队员依次轮流快速跳过跳栏，之后分别接 D、C 区队友抛来的球侧身面对球门，头顶球射门。

(2) 射门结束后跑至对面排尾准备下次射门。

(3) 每人练习 10 次后，A、B 区队员与 C、D 区队员互换位置。

指导要点：

(1) 射门队员要侧身面对球门，跳起用额头侧面头顶球射门。

(2) 抛球队员根据射门队员的跑动速度配合抛球。

活 动 2：1 对 1 对抗中侧面头顶球射门。

场地器材：小球门 1 个，标志盘若干。

组织方法：

(1) 将所有队员分成两组，队员分别持球站在球门两侧的标志盘处。

(2) 两队各有一人进入区域内，进攻方争取摆脱防守，向两侧要球，之后头顶球射门。

(3) 红队先进攻，白队防守。每人练习一次之后，攻守方交换。

指导要点：

(1) 进攻方利用变速和变向快速占据利用位置。

(2) 合理利用身体对抗，尽量完成射门。

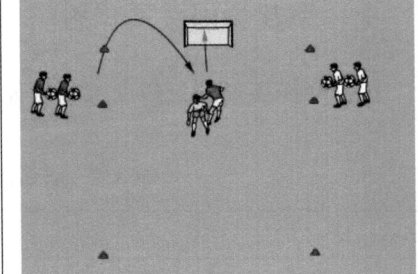

小组比赛：小场地头球比赛。

场地器材：在 30m×20m 区域内，设置两个大球门和守门员。

组织方法：

(1) 将所有队员分成 3 组，每组 6 人，设置两名守门员。

续表

示例
(2) 在区域内进行6对6比赛，另外一组在两侧边线上接应传中。 (3) 必须用头球射门，得分才有效。 (4) 3组轮流交换比赛。 **指导要点：** (1) 充分利用边线接应人完成传中和射门。 (2) 鼓励队员大胆尝试头顶球射门。

八、多部位接空中球射门

多部位接空中球射门训练示例如表 8-8 所示。

表 8-8   多部位接空中球射门训练示例

年龄：13~15 岁	主题：多部位接空中球射门
目标：提高快速活动中接空中球后结合射门的能力	

示例	
热　身："大风车"游戏。 **场地器材：**标出直径15m的圆圈。 **组织方法：** (1) 将所有队员分为两组，圈外队员持球，圈内队员做无球跑动。 (2) 听到教练员口令后，圈外队员将球高抛进圈内，圈内队员接离自己最近的球，然后快速转身传球圈外的无球队友。 (3) 两组交替练习。 **指导要点：** (1) 圈内队员一定要及时观察。 (2) 可以限定接球的部位和触球次数。	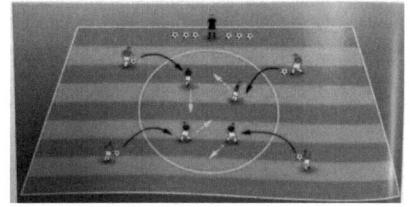
活　动　1：快速活动中接侧面来球后射门。 **场地器材：**小球门1个，标志盘、跳栏若干。 **组织方法：** (1) 起点处队员快速双脚跳通过跳栏，然后接侧面队员抛来的空中球后直接射门。 (2) 射门队员捡球后跑到抛球队员位置，刚才抛球的队员跑至起点排尾准备。 (3) 依次循环进行练习。	

续表

示例	
指导要点： （1）接球队员根据来球的力度和高度选择合适部位接球，并将球接控在适合下一步射门的位置。 （2）尽量减少触球次数，尽快完成射门。	
活　动　2： 接空中球后转身射门。 **场地器材：** 小球门1个，标志盘若干。 **组织方法：** （1）起点处队员快速跑入目标区域，接教练员抛来的空中球后运球转身射门。 （2）射门队员捡球后，将球放在指定地点，依次循环练习。 **指导要点：** （1）接空中球时直接将球接控在目标区域的两侧，以便于下一步的运球转身。 （2）转身之后身体重心迅速跟进，争取用最少的触球次数完成射门。	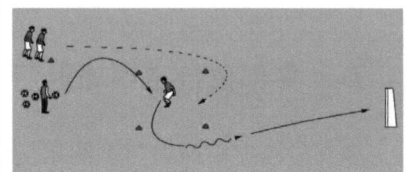
小组比赛： 5对5压缩场地的比赛。 **场地器材：** 罚球区延长至2/3个足球场，中间标出30m×30m区域，两侧各设置一个大球门。 **组织方法：** （1）在标出的区域内进行5对5比赛，双方各设一名守门员。防守队员不得进入本方的射门区内。 （2）传球至区域外的射门区内，同时一名进攻队员快速前插接球射门才有效。 **指导要点：** 要求进攻队员积极地前插，鼓励通过长传球传给前插队友完成射门。	

九、侧面防守

侧面防守训练示例如表8-9所示。

表8-9　侧面防守训练示例

年龄：13~15岁	主题：侧面防守
目标： 提高侧面盯人防守能力	
示例	
热　　身： 1对1热身攻防。 **场地器材：** 20m×20m场地，4个足球。	

续表

示例

组织方法:

(1) 将所有队员分成 3 组，每组 4 人，其中一组持球。

(2) 持球队员将球传给不同颜色的队员，然后向前变成消极防守队员。

(3) 接球队员运球突破防守后继续寻找不同颜色的队员传球。

(4) 依次循环练习。

指导要点:

(1) 要求队员不断抬头观察，寻找无球接应人。

(2) 无球人加强跑动，积极接应。

活 动 1: 1 对 1 侧面压迫性防守。

场地器材: 在 20m×20m 区域内两个对角各放置一个球门。

组织方法: 进攻队员带球跑向对面球门，防守队员要快速向前移动面对进攻队员，将球压迫到远离球门的区域。

指导要点:

(1) 防守队员始终保持一脚在前、一脚在后的滑步姿势。

(2) 防守方应逼迫进攻方远离球门，将其压迫到图中阴影区域，这样本方球门就能远离危险。

活 动 2: 1 对 1 侧面抢断球练习。

场地器材: 20m×15m 区域，小球门两个，标志盘若干。

组织方法: 教练员将球踢向场地中央，先抢到球的队员成为进攻方，目的是射中自己对角的球门。防守方争取将球抢断或破坏。

指导要点: 防守队员应该第一时间封堵对方射门角度，同时合理利用身体，压迫对方远离球门。

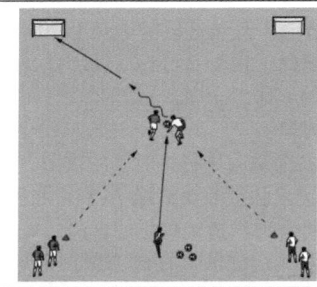

小组比赛: 5 对 5 小场地四球门比赛。

场地器材: 在 30m×30m 区域内摆放 4 个球门。

组织方法: 在区域内进行 5 对 5 比赛，在规定时间内进球多的为胜队。

指导要点:

(1) 加大底线两球门的距离，鼓励进攻队员侧向运球突破。

(2) 防守中强调防守队员身体位置，逼迫进攻方远离球门。

十、限制区域的 1 对 1 护球与摆脱

限制区域的 1 对 1 护球与摆脱训练示例如表 8-10 所示。

表 8-10　限制区域的 1 对 1 护球与摆脱训练示例

年龄：13~15 岁	主题：限制区域的 1 对 1 护球与摆脱
目标：提高 1 对 1 时护球与摆脱的能力	
示例	

热　身：循环控球技术练习。 **场地器材**：在 30m×30m 区域内如右图所示摆放 3 个区域的器材。 **组织方法**： （1）线路 A——蛇形运球依次绕过间隔 50cm 的标志盘。 （2）线路 B——依次 8 字运球并绕标志盘一圈。 （3）线路 C——颠球依次绕过标志杆。 （4）3 条线路依次循环练习。 **指导要点**： （1）随着练习的深入变换不同的运球部位和要求。 （2）要求队员尽量增加触球次数。	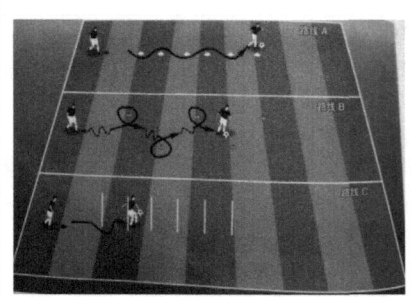
活　动　1：限制区域的 1 对 1 护球与摆脱练习。 **场地器材**：在 15m×15m 区域内用标志盘摆放 4 种颜色的小球门。 **组织方法**： （1）在区域内进行 1 对 1 的攻防。 （2）进攻队员需要护球 7~8s，之后听从教练员的指令将球射进指定颜色的球门。 （3）如果防守队员在对方射门前成功抢断，则攻守互换。 （4）交替进行练习。 **指导要点**： （1）持球队员需要将身体作为球与防守队员之间的一道屏障，同时张开双臂阻止对方靠近球。 （2）持球队员始终控制球向防守队员试图抢截的相反方向移动。	
活　动　2：区域内 4 对 4 人盯人攻防。 **场地器材**：用标志盘标出 20m×20m 区域。	

续表

示例	
组织方法： （1）每组6人，其中4人在区域内进行4对4人盯人传抢球练习；另外两人分别站在4条边线上，随时准备接球。 （2）区域内的持球队员随时可以将球传给区域外的本队接应队员，传完球后与接应队员位置互换；场外接球队员运球进入区域内，继续保持4对4的传抢球练习。 **指导要点：** （1）持球队员尽量利用身体护球并寻求机会摆脱过人。 （2）注意抬头观察队友位置，寻找最佳摆脱时机。	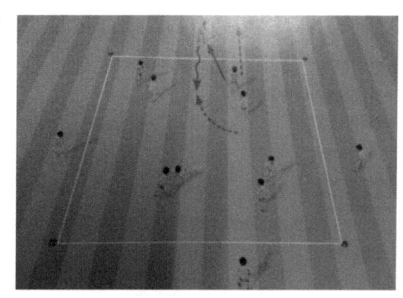
小组比赛：小场地人盯人比赛。 **场地器材：**40m×20m区域设置两个大球门。 **组织方法：**在区域内进行6对6比赛，各设一名守门员。其中两队各有一名自由人，不进行盯人防守，也不能射门，其他4名队员进行固定的人盯人。 **指导要点：**此场景下进攻时都是1对1的防守，没有协防保护，鼓励队员大胆护球与摆脱。	

十一、二过一突破防守

二过一突破防守训练示例如表8-11所示。

表8-11　二过一突破防守训练示例

年龄：13~15岁	主题：二过一突破防守
目标：提高小范围内二过一突破的能力	
示例	
热　身：传球与接应练习。 **场地器材：**在20m×20m区域内如右图所示摆放标志盘。 **组织方法：** （1）A队员将球传给向前接应的B队员，B队员再将球传到A队员的跑动路线上，A队员接球后传给向前接应的C队员，C队员接球后将球传到B队员回身跑动路线上。	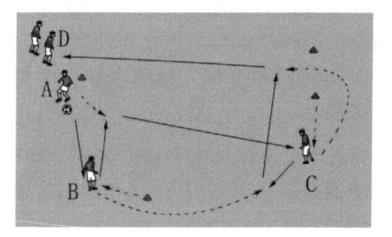

示例	
（2）B 队员接球后将球传到两个标志盘前，C 队员转身从两个标志盘之间跑过接球，再将球传给 D 队员。 （3）依次循环进行。 **指导要点：** （1）接球后，根据队友的情况决定传球的时机和速度。 （2）随着队员逐步热身，逐渐加快传球和跑动的速度。	
活 动 1：4 人二过一循环练习。 **场地器材：**20m×20m 区域，4 人两球。 **组织方法：** （1）1 号、3 号队员持球，1 号队员长传给 2 号队友，然后向前对 1 号队员进行防守。 （2）2 号队员接球后与 4 号队员进行二过一配合，突破 1 号队员防守后运球跑至 1 号队员位置。 （3）1 号队员跑至 2 号队员位置。3 号队员再开始传球，依次循环练习。 **指导要点：** （1）跑动要求节奏变化，二过一突破瞬间需要快速启动。 （2）无球接应人要注意接应的时间和位置，尽量做到一脚出球。	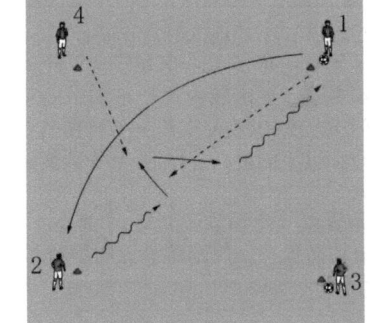
活 动 2：2 对 2+4 个场外接应人的二过一练习。 **场地器材：**15m×15m 区域。 **组织方法：** （1）4 人一组，区域内进行 2 对 2 传接球练习，区域外两名队友分别在相应边线活动，接应队友，不得进入场地。 （2）防守方抢断成功或者破坏进攻之后，攻守双方和边线队员轮换。 **指导要点：** （1）无球队员积极跑动，接应队友传球，至少有两个可以传球的接应点来支援队友传球。 （2）可以限制持球人触球次数，增加二过一的出现次数。	
小组比赛：3 对 3+1 个自由人的小场地比赛。 **场地器材：**在 30m×30m 区域内用标志盘摆放若干小球门。	

续表

示例	
组织方法: (1) 区域内进行 3 对 3 比赛,两个标志盘之间是"球门",一方将球从"球门"之间踢过,并且队友接控住球,即为得分。 (2) 另设一名自由人,自由人只参与进攻,不参与防守。 (3) 持球队员触球次数不得超过 3 次,否则交换球权。 **指导要点**: (1) 强调无球跑动和观察。 (2) 根据队员能力设置自由人,使比赛中尽可能多地出现 2 对 1 的情况。	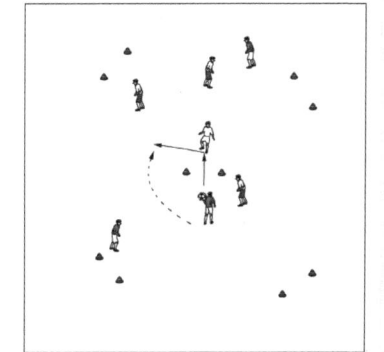

十二、3 对 2 进攻战术

3 对 2 进攻战术训练示例如表 8-12 所示。

表 8-12　3 对 2 进攻战术训练示例

年龄:13~15 岁	主题:3 对 2 进攻战术
目标:提高连续二过一的三打二进攻能力	
示例	
热　　身:活动中四角传球。 **场地器材**:用标志盘标出 10m×10m 区域。 **组织方法**: (1) 持球队员首先按顺时针方向进行传球,传球后直线跑动到下一个标志盘处。 (2) 接球之前首先做出快速摆脱(从后面快速绕过标志盘)。 (3) 顺时针、逆时针方向依次循环练习。 **指导要点**: (1) 尽量减少触球次数。 (2) 控制传球的力量和时机。	
活　动　1:分区域练习二过一练习。 **场地器材**:在 20m×36m 区域内两边各放置两个小球门,并用标志盘将场地分成均等的 3 块。	

示例

组织方法：

（1）在第一块场地内有两名进攻队员、一名防守队员，其余两块场地内各有一名进攻队员、一名防守队员。

（2）在第一块场地内两名进攻队员通过二过一配合突破防守，控球队员运球进入下一块场地，形成新的二过一。

（3）依次进行连续二过一，直至在第三块场地完成射门。

指导要点：

（1）充分、合理利用直传斜插、斜传直插、墙式和回传反切等二过一战术完成练习。

（2）随着练习的深入，进攻时可以设置越位。

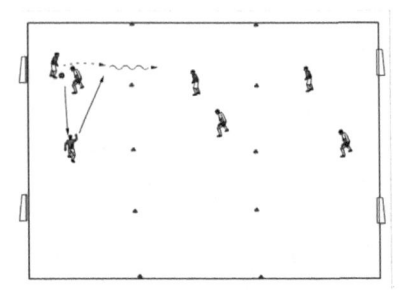

活　动　2：2 对 2+1 个接应自由人的四球门练习。

场地器材：在 20m×25m 区域内两边各放置两个小球门，门前 5m 画出射门区域。

组织方法：

（1）在区域内进行 2 对 2 的四球门小场地比赛，并设一名进攻自由人，自由人参与进攻，不能射门。

（2）进攻方在持球进入对方的射门区后才能射门，没有越位限制。

指导要点：

（1）要求队员充分利用场地宽度和纵深，无球队员积极跑动接应，多进行二过一配合。

（2）可以通过限制持球人触球次数增减练习难度，尽可能多地出现二过一的局面。

小组比赛：5 对 5 运球过线比赛。

场地器材：在 30m×20m 区域内放置两个小球门。

组织方法：在区域内进行 5 对 5 比赛，运球或传接球过底线，并第一时间踩停住球，即为得分。每人 3 脚之内出球，否则交换球权。

指导要点：利用无球跑动扯出空当，多进行局部二过一配合。

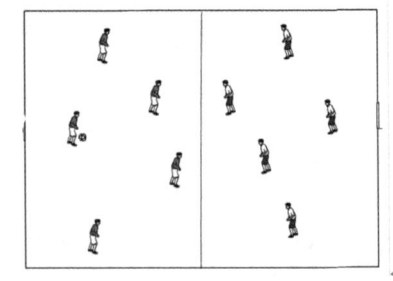

十三、局部 3 人配合射门

局部 3 人配合射门训练示例如表 8-13 所示

表 8-13　局部 3 人配合射门训练示例

年龄：13~15 岁	主题：局部 3 人配合射门
目标：提高局部 3 人小组配合完成射门的能力	

示例

热　身：3 人传切练习。
场地器材：用标志盘标出 10m×10m 区域。
组织方法：
（1）3 人一组，持球队员在 A 处，无球队员站在 B、C 处，3 人形成三角形站位。
（2）C 处队员首先快速向 D 处扯动，A 处队员将球传向 C 处队员扯动后留下来的空当，B 处队员快速插入空当接球。
（3）C 处队员持球，A 处队员继续向空当扯动，3 人依次循环练习。
指导要点：
（1）3 人始终呈三角形站位，扯动、切入、传球要默契。
（2）持球人在两次触球之内必须完成传球。

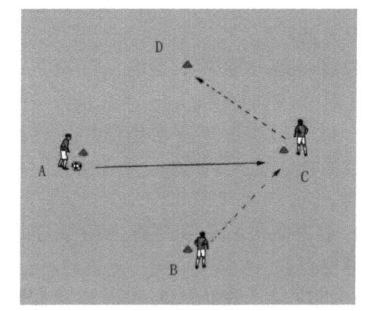

活　动　1：多种形式的 3 人配合射门练习。
场地器材：1/2 足球场，标志盘若干，每人一球。
组织方法：
在 1/2 足球场内，如右图所示 3 个标志盘处各有一名队员，按照图示进行 3 人连续配合射门。
指导要点：
（1）传球队员要将球传在队友的跑动路线上，同时结合队友的跑动速度选择传球的时机和速度。
（2）传球之后突然、快速的接应跑动才是配合成功的关键。
（3）提高传接球的质量，尽量做到一脚出球。

活　动　2：3 对 3+2 个接应自由人传控球练习。
场地器材：用标志盘标出 20m×20m 区域。
组织方法：
（1）在区域内进行 3 对 3 的传控球练习，场外两条对边上各设两名进攻接应队员。

示例	
（2）接应队员不得进入场区内，区域内防守队员也不得对接应队员进行防守。 （3）抢断成功或者进攻方球出界后双方交换球权。 **指导要点：** （1）进攻时，场外接应队员可以在边线上左右移动，寻求接应。 （2）可以通过限制接应队员触球次数改变练习难度。	
小组比赛：半场 3 对 2 比赛。 **场地器材**：在 30m×20m 区域内设置 4 个小球门。 **组织方法：** （1）将场地分成两个半场，首先在一个半场内进行 3 对 2 攻防比赛。 （2）球进门或防守方得到球后，传给对面半场的本方队员，之后在另一个半场进行 3 对 2 攻防比赛。 （3）双方队员都不到对方半场参与进攻或者防守。 **指导要点：** （1）进攻时无球队员要积极地穿插跑动，充分利用人数优势。 （2）防守方得球后迅速传给对面半场的队友；同时，不进行比赛半场的进攻方注意观察，积极接应对面半场队友的传球。	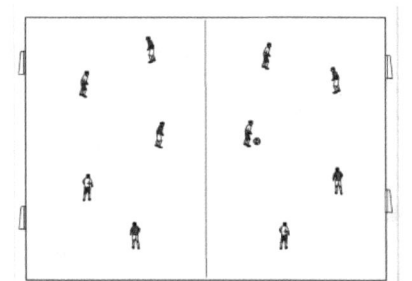

十四、5 对 5 攻防

5 对 5 攻守训练示例如表 8-14 所示。

表 8-14　5 对 5 攻防训练示例

年龄：13~15 岁	主题：5 对 5 攻防
目标：提高局部 5 对 5 的攻防能力	
示例	
热　　身：五角形传接球练习。 **场地器材**：在 15m×15m 区域内用标志盘摆放一个五角形。	

续表

示例

组织方法：4 个点上各站一名队员，另外一个点站两名队员并持球。将球传给不相邻的对角处队友，并向该处跑动，依次循环练习。

指导要点：

（1）接球前主动迎球，两脚之内出球。

（2）传球后快速跑动。

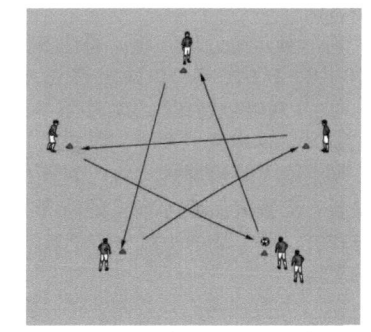

活 动 1：4 对 2 传控球练习。

场地器材：用标志盘标出 8m×8m 区域。

组织方法：区域外 4 名队员相互传球，区域内两名队员进行抢截球，抢到或破坏传球后与区域外被抢队员互换位置。

指导要点：

（1）无球队员不断跑动接应，创造接球空间和角度。

（2）可以通过改变区域大小和限制触球次数增加练习的难度。

活 动 2：3 对 3+2 个接应自由人传控球练习。

场地器材：用标志盘标出 20m×20m 区域。

组织方法：

（1）在区域内进行 3 对 3 的传控球练习，场外两条对边上各设两名进攻接应队员。

（2）接应队员不得进入场区内，区域内防守队员也不得对接应队员进行防守。

（3）抢断成功或者进攻方球出界后双方交换球权。

指导要点：

（1）进攻时，场外接应队员可以在边线上左右移动，寻求接应。

（2）可以通过限制接应队员触球次数改变练习难度。

小组比赛：5 对 5 快速转换比赛。

场地器材：罚球区边线延长至中线，两端各设 1 个大球门和 1 名守门员。

示例

组织方法:

(1) 将所有队员分成 4 组, 每组 5 人。分别定为 A、B、C、D 组, A、B 两组首先在场上进行比赛, C、D 两组分别在底线和中线外等待。

(2) 进球、球出底线和守门员抱住球这 3 种情况下, 场上刚才的持球进攻方与对面底线的小组快速交换; 交换之后刚才场上的防守方迅速持球变为进攻方, 刚上场的小组为防守方。

指导要点:

(1) 进攻方要提高进攻效率, 不要轻易失去球权。

(2) 场外等待小组提高注意力, 快速完成两队转换。

十五、快速射门

快速射门训练示例如表 8–15 所示。

表 8–15 快速射门训练示例

年龄: **13~15 岁**	主题: **快速射门**
目标: 提高快速配合完成射门的能力	
示例	

示例	
热　身: 3 队传接球热身。 **场地器材:** 用标志盘标出 30m×30m 区域。 **组织方法:** 将所有队员分成 3 组, 队员穿着不同颜色的训练背心在区域内按照不同要求进行传接球, 每人两脚之内出球。具体方式有: (1) 同色队友之间传球; (2) 不同颜色之间传球; (3) 按照一定顺序进行传球, 传球之前喊出下一次接球队员的颜色。 **指导要点:** (1) 无球队员积极跑动, 寻找接球机会。 (2) 持球队员接球之前注意观察。	
活　动 1: 快速射门练习。 **场地器材:** 1/2 足球场。 **组织方法:** 将所有队员分成两组, 每组的持球队	

续表

示例

员站在中圈前的标志盘处，将球传给罚球区前接应的队友，然后快速向前跑动，接队友的横传球后完成射门。

指导要点：

（1）每个队员左右场地交替练习，以保证左右脚均衡练习。

（2）射门之前减少触球次数，尽量接球之间射门。

活 动 2：5 对 5+2 快速推进射门。

场地器材：在 30m×20m 区域内，两个底线处放置两个大球门。

组织方法：

（1）在区域内进行有守门员的 5 对 5 比赛，每组有两名接应队员站在对方球门线处（球门左右各一名）。

（2）比赛时，进攻方尽快地将球传给底线处的接应队员来创造得分机会。

（3）依次交替练习。

指导要点：

（1）进攻时尽量向前传球，争取用最少的传接球次数完成射门。

（2）接应队员在两侧底线上不断左右移动，寻求接应机会。

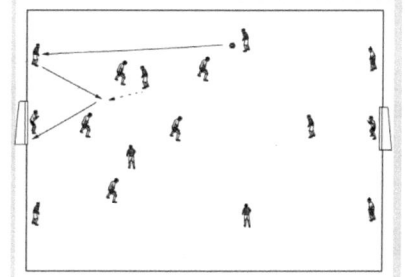

小组比赛：压缩场地的 5 对 5 快速射门比赛。

场地器材：比赛场地为罚球区边线延长至中线的区域，两侧各设置两个大球门。

组织方法：

（1）在区域内进行 5 对 5 比赛，每队设一名守门员。

（2）每队必须在连续 5 次传球之前完成射门，否则交换球权。

指导要点：

（1）多进行快速的直传球，最终目标是射门得分。

（2）快速地思考和移动，在接球前便确定合理的传球路线。

第九章 ▶ Chapter 9

中级阶段比赛期实践课

一、局部二人配合射门

局部二人配合射门训练示例如表 9-1 所示。

表 9-1　局部二人配合射门训练示例

年龄：**13~15 岁**	主题：**局部二人配合射门**
目标：**提高局部二人配合完成射门的能力**	
示例	

热　身：二人不等距传球热身。
场地器材：如右图所示间隔 1.5m 摆放一个不同颜色的标志盘或标志桶 。
组织方法：
（1）两人一球进行间传球，并将球从障碍物之间穿过。
（2）每一组练习都按照不同规则进行。
指导要点：
（1）传球后迅速冲刺跑到下一个接球点。
（2）随着练习的深入，改变队员每次触球的次数。

活　动　1：限制区域的二人快速传接球。
场地器材：30m×30m 区域内用不同颜色的标志盘摆放若干 1m 长的小球门。
组织方法：
（1）在区域内两人一组一球，进行传接球比赛，目标是在"小球门"之间完成传接球。
（2）每人必须 3 脚之内完成传球，不能在同一颜色的"小球门"内连续传球。

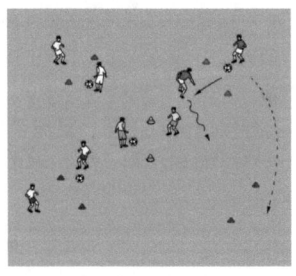

续表

示例

（3）规定时间内完成次数最多的为胜队。

指导要点：

（1）不断地抬头观察，选择最佳路线，减少触球次数和无效的跑动。

（2）两人之间相互呼应，提高默契程度。

活　动　2：2 对 1+1 的攻防射门练习。

场地器材：在 20m×20m 区域内设置两个大球门。

组织方法：

（1）在区域进行 2 对 1 有守门员的攻防练习，两人的为进攻方。

（2）从进攻方守门员发球开始，要求两人在 10s 之内完成 2 对 1 射门。

（3）若 10s 之内未完成射门，防守方再进入一人，变为 2 对 2 的攻防练习。

（4）双方攻守交替练习。

指导要点：

（1）在占据人数优势时，进攻方要快速完成突破射门。

（2）根据队员实际能力，改变 2 对 1 的持续时间。

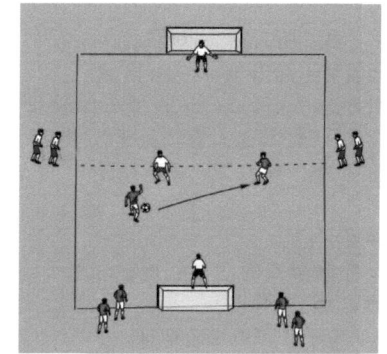

小组比赛：压缩场地的 6 对 6 比赛。

场地器材：比赛场地为罚球区边线延长至中线的区域，两侧各设置两个大球门。

组织方法：

（1）在区域进行 6 对 6 比赛，每队设一名守门员。

（2）每人必须 3 脚触球，否则交换球权。

指导要点：

（1）强调接球之前的观察，尽量快速完成传接球。

（2）鼓励局部二人的快速传接球配合。

二、局部以少防多

局部以少防多训练示例如表9-2所示。

表9-2 局部以少防多训练示例

年龄：13~15岁	主题：局部以少防多
目标：提高局部1防2、2防3、3防4等以少防多的能力	

示例	
热身：猎人捉兔子游戏。 **场地器材**：标出30m×30m区域。 **组织方法**：在区域内进行抓人的游戏，指定一名"猎人"，其他人为"兔子"，被猎人抓到后自动变为"猎人"，直至所有"兔子"都被抓到。 **指导要点**： (1)控制游戏的激烈程度，随着训练的深入，逐渐加大游戏强度。 (2)"兔子"可以结合运球。	
活动1：局部以少防多转换练习。 **场地器材**：将20m×36m区域平均分成A、B、C三个小区域，小球门两个。 **组织方法**： (1)在A区内进行1防2，B区各有一名进攻和防守队员，C区内无固定队员。 (2)首先在A区进行1防2，进攻方突破后持球队员进入B区，形成新的1防2；A区的防守队员被突破后迅速插至C区，保护B区防守，同时A区另一名进攻队员也插至C区。 (3)B区进攻方持球队员突破至C区后，所有队员都可以进入C区，进行2防3。 (4)直至射门后结束本轮进攻，依次循环练习。 **指导要点**： (1)被突破的防守队员要迅速进入下一个区域进行保护。 (2)以少防多时，主要是延缓对方进攻的速度，为队友回防保护争取时间。	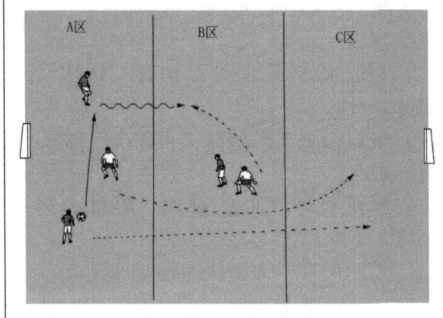

续表

示例	
活 动 2：半场 3 对 4 的以少防多练习。 **场地器材**：在 30m×40m 区域内设置 4 个小球门。 **组织方法**： （1）将场地分成两个半场，首先在一个半场内进行 3 对 4 攻防练习。 （2）防守方得到球或被进球后，防守方将球传给对面半场的本方队员，之后在另一个半场进行 3 对 4 攻防练习。 （3）双方队员都不到对方半场参与进攻或防守。 **指导要点**：防守方尽量延缓对方进攻，阻止对方突破或向前传球。	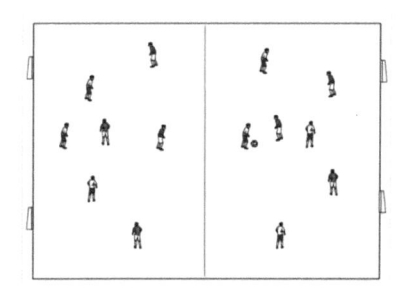
小组比赛：半场 8 对 6 攻防比赛。 **场地器材**：1/2 足球场，在中线上设置 3 个小球门。 **组织方法**：在区域进行有守门员的 8 对 6 比赛，防守方进攻 3 个小球门。 **指导要点**： （1）可以通过限制人数较多一方的触球次数改变比赛难度。 （2）强调人数较少一方防守时队形要收缩，同时所有人积极地协防补位。	

三、界外球进攻战术

界外球进攻战术训练示例如表 9-3 所示。

表 9-3　界外球进攻战术训练示例

年龄：13~15 岁	主题：界外球进攻战术
目标：提高比赛中接界外球组织进攻的能力	
示例	
热　身：2 对 1 颠控球。 **场地器材**：将 10m×5m 区域中间隔出 4m×5m 区域。	

续表

示例

组织方法：两侧队员进行空中球传接，每人3脚触球。中间队员在中间区域内进行拦截。 **指导要点**：准确判断来球落点，并利用多部位接空中球。	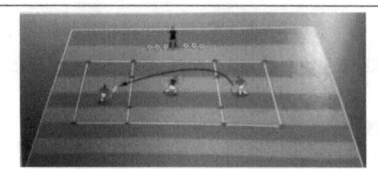
活 动 1：前场近距离接界外球射门练习。 **场地器材**：1/2足球场。 **组织方法**：通过1号、2号队员无球跑动扯出空当，3号队员迅速前插至空当处接球，之后通过配合完成射门。 **指导要点**： （1）接球队员的摆脱要突然、及时，亦可利用假动作诱骗对手。接球时不能离球太近，否则容易造成掷球违例。 （2）掷球要准，有利于接控和直接处理球。	
活 动 2：前场掷长距离界外球结合射门练习。 **场地器材**：1/2足球场。 **组织方法**：掷球队员将球直接掷入门前或球门中间位置，前点接应的1号队员头球后蹭，其他队友跑至门前抢点射门。 **指导要点**： （1）掷球越远越好，最好接近球门区域。 （2）策应队员突然摆脱跑位，积极为接球队员创造条件。 （3）掷球队员掷出球后迅速进场接应进攻。	
小组比赛：压缩场地的6对6比赛。 **场地器材**：比赛场地为罚球区边线延长至中线的区域，两侧各设置两个大球门。 **组织方法**： （1）在区域进行6对6比赛，每队设一名守门员。 （2）利用界外球直接助攻进球得3分，其他方式进球得1分。 **指导要点**： （1）鼓励队员尝试利用界外球战术直接射门。 （2）通过训练尽量固定两侧掷界外球队员。	

四、罚球区附近任意球攻防

罚球区附近任意球攻防训练示例如表9-4所示。

表9-4　罚球区附近任意球攻防训练示例

年龄：13~15岁	主题：罚球区附近任意球攻防
目标：提高比赛中利用任意球得分的能力	
示例	

热　　身：长、短结合的四角传接球练习。 **场地器材**：标出 10m×10m 区域。 **组织方法**：1号队员短传给2号队员，2号队员长传给3号队员，3号队员再短传给4号队员，依次顺序进行传接球，传球队员传球后按顺时针方向跑至下一个传球点。 **指导要点**： （1）接球之前把标志盘当成防守队员，先做一个快速摆脱，然后向前迎球。 （2）尽量减少触球次数。	
活　动　1：罚球区正面任意球直接射门练习。 **场地器材**：1/2 足球场。 **组织方法**：在罚球区附近正面攻守双方进行有守门员的直接任意球练习。由两名队员进行配合，可以采用：（1）一名队员虚晃跑动，另一名队员直接射门；（2）一名队员横拨，另一名队员快速跟进射门。 **指导要点**：根据不同水平，将难度调整为无人墙、有人墙、增加正常攻防人员等。	
活　动　2：罚球区侧面间接任意球射门练习。 **场地器材**：1/2 足球场。 **组织方法**：在罚球区侧面攻守双方进行有守门员的间接任意球练习。 （1）1号队员跑动，2号队员传中，中路队友包抄射门。 （2）1号队员直传给2号队员，2号队员下底传中。 （3）1号队员直传给2号队员，2号队员再回传给1号队员，然后1号队员带球内切，中路突破或传球后完成射门。	

续表

示例	
指导要点：在无防守的情况下重点演练传球和包抄线路，然后逐步增加防守人数，增加练习难度。	
小组比赛：半场8对8+1攻防比赛。 **场地器材**：1/2足球场，在中线上设置两个小球门。 **组织方法**：在区域进行有守门员的8对8比赛，进攻大球门一方直接任意球进球得3分，间接任意球进球得2分，双方其他进球得1分。 **指导要点**： （1）比赛中严格判罚犯规，多创造任意球机会。 （2）通过比赛挑选、培养踢任意球的特定队员。	

五、角球攻防

角球攻防训练示例如表9-5所示。

表9-5　角球攻防训练示例

年龄：13~15岁	主题：角球攻防
目标：提高比赛中利用角球得分的能力	

示例	
热　身：双人配合头顶球热身。 **场地器材**：两人一球，相距5m。 **组织方法**：两人一球进行头顶球练习，要求分别采用原地、双脚跳起、跑动中跳起等方式。 **指导要点**： （1）判断好球的落点，把握最佳起跳时机。 （2）双臂合理摆动。	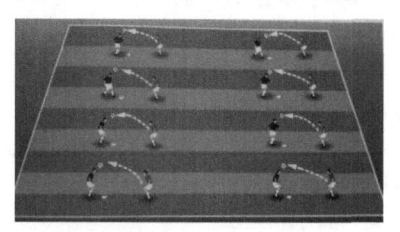
活　动1：长传角球射门练习。 **场地器材**：1/2足球场。 **组织方法**：攻守双方进行有守门员的长传角球练习，可以采用以下战术。 （1）包抄中后点战术：主罚队员将球传至球门区线外至罚球点之间靠近后门柱的位置，包抄	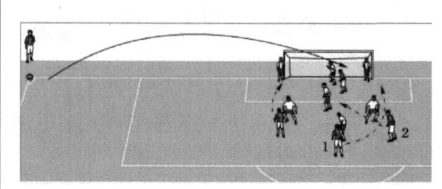

续表

示例	
队员分层次跑动抢点射门。 （2）前点后蹭战术：主罚队员将球传至近门柱的前点位置，前点队员头球后蹭，中后点包抄队员分层次跑动抢点射门。 **指导要点：** （1）主罚队员的传球要有目的地寻找主要争抢队员。 （2）精准的传球和默契的传跑时机是成功的关键。	
活　动　2：短传角球射门练习。 **场地器材：**1/2 足球场。 **组织方法：**在左右两侧发角球，1 号、2 号队员角球区附近配合传中，其他队员抢点射门或者配合完成射门。 **指导要点：**短传角球要求就是快速，在角球弧处能形成人数优势，缩短传中距，提高传球准确性和增大传球角度，提高射门的成功率。	
小组比赛：压缩场地的 8 对 8 比赛 **场地器材：**2/3 足球场，设置两个小球门。 **组织方法：**在区域内进行有守门员的 8 对 8 比赛，利用角球进球得 2 分，双方其他进球得 1 分。 **指导要点：** （1）有意识地创造更多角球的机会，提高角球练习质量。 （2）通过比赛挑选、培养踢角球和门前抢点的特定队员。	

六、边路进攻

边路进攻训练示例如表 9-6 所示。

表 9-6　边路进攻训练示例

年龄：**13~15 岁**	主题：**边路进攻**
目标：提高比赛中利用边路传中射门得分的能力	
示例	
热　　身：3 人颠控球热身。 **场地器材：**3 人一球，两端相距 10m。	

续表

示例

组织方法：A 队员颠球开始，然后踢凌空球传给 B 队员，B 队员再以同样的方式传回给 A 队员。A 队员直接将球凌空传给 C 队员，然后 A 队员、B 队员互换位置。依次重复练习。

指导要点：利用多部位颠球，尽量不要让球落地。

活动 1：边路传中射门练习。

场地器材：1/2 足球场，标志盘、标志杆若干。

组织方法：

(1) 将所有队员分成两组，每组至少 4 人，一组传中，另一组负责中路包抄。

(2) 边路队员从起点标志盘处开始运球，绕过标志杆后传中。

(3) 中间两人前后交叉跑动，跑进罚球区内完成射门。

(4) 两组交替进行练习。

指导要点：

(1) 抢点的进攻队员分层次交叉包抄，起动不要太早，以免球传到身后。

(2) 传中队员传球落点要准确。

活动 2：3 对 2 边路传中射门练习。

场地器材：1/2 足球场。

组织方法：

(1) 在半场区域内进行有守门员的 3 对 2 攻防练习。

(2) 两名防守队员中一名在罚球区内防守传中球，一名在边路防守。

(3) 3 名进攻队员首先在边路利用人数优势形成边路传中机会，同时两名队员传完球后迅速插入禁区包抄抢点。

指导要点：发现边路以多打少的机会后，最好一脚出球，要迅速利用人数的优势形成边路突破。

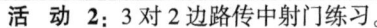

小组比赛：6 对 6+4 个边路自由人的比赛。

场地器材：罚球区边线延长至中线，两端各设一个大球门。

续表

示例	
组织方法： （1）在区域内进行 6 对 6 比赛，每队设一名守门员。在两个边路设两名边路进攻自由人。 （2）两队必须通过边路传中才可以射门，自由人只能在边路区域活动，且只参与进攻不参与防守，其他队员也不得对区域外的持球自由人进行防守。 （3）边路自由人可以在另一侧传中时切入场地内参与进攻。 **指导要点：** （1）通过快速地传控球，尽快地将球传给两个边路自由人。 （2）边路自由人把握跑动时机，保证球传到身前，而不是身后。	

七、防守边路传中

防守边路传中训练示例如表 9-7 所示。

表 9-7　防守边路传中训练示例

年龄：13~15 岁	主题：防守边路传中
目标：提高比赛中对边路传中的正面防守能力	
示例	
热　身：3 人头顶球。 **场地器材：**3 人一球，两端相距 10m。 **组织方法：** （1）中间 B 队员向前抛球，然后跑到 A 队员的位置，A 队员用力向前上方头顶球传给 C 队员，然后跑到中间位置。 （2）C 队员直接将球传回中间，A 队员接球后向前上方抛球，C 队员再次头顶球，依次循环练习。 **指导要点：**头顶球时要用力向前上方顶球，至少越过中间队友头顶。	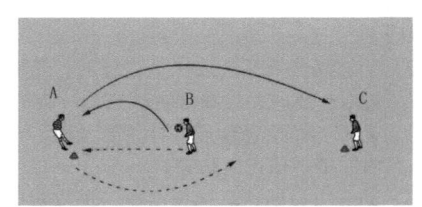

示例

活 动 1：1 对 2 边路传中正面防守练习。
场地器材：1/2 足球场，标志盘若干。
组织方法：左右两侧边路持球队员依次运球至底线标志盘处传中，在罚球区内安排一名防守队员阻止进攻方射门。所有队员各位置轮流练习。
指导要点：
(1) 防守队员不仅要盯球还要盯人，必须预判进攻方的进攻区域，并阻止其跑动。
(2) 顶球的中部、中下部，让球尽量远离球门。

活 动 2：4 对 4 边路传中攻防练习。
场地器材：在罚球区内标出 15m×15m 区域。
组织方法：
(1) 在小区域内进行 4 对 4 传中球攻防练习。
(2) 边路队员进行传中，区域内为人盯人防守，防守方尽量在第一时间将球解围。
(3) 所有队员交替练习。
指导要点：
(1) 防守队员站在前锋与球门之间，防守时要人球兼顾。
(2) 根据队员的身体条件和技术水平合理指定盯人对象。

小组比赛：有边路进攻区的 6 对 5 比赛。
场地器材：1/2 足球场，一名守门员，用标志盘标出边路区域。
组织方法：
(1) 6 对 5 双方在中路区域进行比赛，进攻方进攻有守门员的大球门，防守方进攻两个小球门。
(2) 当边路区域有进攻队员持球时，防守队员方可进入，此时，比赛区域扩充至一侧边线。
(3) 防守方站位要合理、补位要及时，做好罚球区内的传中球正面防守。
(4) 防守方抢断球后迅速前压，进攻对方的两个小球门，此时比赛区域为整个半场。
指导要点：防守方站位要合理、补位要及时，既要防守对方的边路进攻，也要注意对方中路的前插。

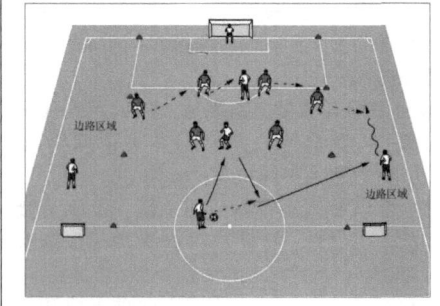

八、中路渗透进攻

中路渗透进攻训练示例如表 9-8 所示。

表 9-8　中路渗透进攻训练示例

年龄：13~15 岁	主题：中路渗透进攻
目标：提高比赛中利用中路渗透进攻得分的能力	

示例

热　　身：3 人跑动中传接球练习。 **场地器材**：3 人一球，相距 10m。 **组织方法**： （1）A 队员传球给 B 队员，然后向侧前方跑动接应。 （2）B 队员直接将球回传给上前接应的 A 队员，A 队员再将球直接回传给 B 队员，然后跑到 B 队员的位置。 （3）B 队员传球给 C 队员，然后跑至对面标志盘处。 （4）依次循环练习。 **指导要点**： （1）传球必须用脚内侧传地滚球。 （2）必须一脚出球，根据传球距离控制传球力量。	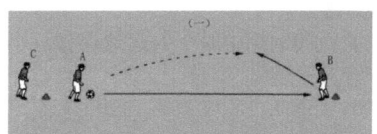 
活　动　1：3 对 2 的中路突破练习。 **场地器材**：在罚球区前后分别标出 15m×15m 区域。 **组织方法**： （1）教练员在中场发球，在 A 区域进行 2 对 1 的二过一突破。 （2）当 1 号、2 号队员成功地将球传给 3 号队员后，所有人进 B 区域进行 3 对 2 的攻防。 **指导要点**：要求充分利用二过一或传切配合突破防守后完成射门。	
活　动　2：小场地 3 对 3 快速比赛。 **场地器材**：将罚球区压缩至小禁区边线延长线处。 **组织方法**： （1）在压缩的场地内进行 3 对 3 比赛，不比赛小组在区域外等待。 （2）进球的一方继续留在场上进攻，失球的一方与区域外等待的小组互换。	

续表

示例	
（3）球出界、防守方抢断或射门不进，交换球权。 （4）进攻方在小禁区内才能射门。 **指导要点**：强调在人员密集的场区内通过快速的传球和果断的向前突破完成射门。	
小组比赛：8 对 8 压缩场地的整体攻防比赛。 **场地器材**：罚球区边线延长至中线，两端各设一个大球门。 **组织方法**： （1）在区域内进行 8 对 8 比赛，每队都设守门员。 （2）将场地边线压缩至罚球区边线处。 **指导要点**： （1）大胆利用中路个人运球突破、小范围的局部配合完成射门。 （2）无球队员积极跑动，扯开空当。	

九、转移进攻

转移进攻训练示例如表 9-9 所示。

表 9-9　转移进攻训练示例

年龄：**13~15 岁**	主题：**转移进攻**
目标：提高比赛中利用中边转移进攻得分的能力	
示例	
热　身：长、短结合传球。 **场地器材**：标出 30m×10m 区域，中间用标志桶隔开，4 人一球。 **组织方法**：每侧各两名队员，一侧队员 3 次短传之后直接将球长传至对面，依次重复练习。 **指导要点**： （1）必须在移动中完成传接球，提高长传球的准确性。 （2）尽量减少触球次数。	
活　动 1：3 人中边转移传中射门练习。 **场地器材**：1/2 足球场。	

续表

示例
组织方法: (1) 中场持球队员传球给前场接应队员,接应队员在接球前要先做一个反跑摆脱,然后将球再回传给中场队员。 (2) 中场队员向中路移动,将球转移到边路队员的跑动路线上。 (3) 前场队员在回传球之后转身向门前跑动,接边路队员的传中球抢点射门。 (4) 3名队员位置轮流练习。 **指导要点:** (1) 前场接应队员必须做摆脱跑动,创造空间去接中场队员的传球。 (2) 转移队员尽量一脚出球,以便快速将球转移到边路,起到撕开对手防线的作用。 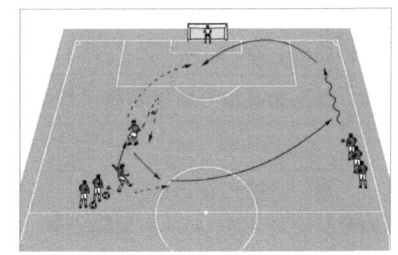
活 动 2: 5对5中边转移快速进攻。 **场地器材:** 1/2足球场,用标志盘标出比赛控球区域和边路区域;大球门1个,小球门两个。 **组织方法:** (1) 在比赛区域进行5对5比赛,大球门由守门员防守。防守队员不得进入边路区域,进攻方可以有一名队员在边路区域内下底传中。 (2) 进攻方将球踢进大球门得分,防守方将球踢进两个小球门得分。 **指导要点:** 进攻方需要积极思考和观察,若中路防守过于密集,迅速将球转移至边路,完成传中和包抄射门。 
小组比赛: 压缩场地的11对11比赛。 **场地器材:** 2/3足球场,两端各设一个大球门。 **组织方法:** 在压缩的场地内进行11对11比赛,每队设一名守门员。进攻方将球射进球门即为得分。 **指导要点:** (1) 进攻时边路队员尽量拉开,制造空当。 (2) 强调中边转移进攻,在中路进攻受阻时及时地将球往两个边路转移。 

十、快速反击

快速反击训练示例如表9-10所示。

表9-10　快速反击训练示例

年龄：13~15岁	主题：快速反击
目标：提高比赛攻守转换中利用快速反击得分的能力	

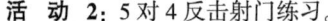

示例	
热　　身：分区域传接球。 **场地器材**：将40m×40m区域隔成4个小区域。 **组织方法**：首先在一个小区域内进行8对8的传控球练习，在经过5次传球后，控球一方必须将球转移至另外一个小区域，按此规则重复进行练习。 **指导要点**： (1) 在经过4次传球后，必须有一名或更多队员快速跑至其他区域准备接球。 (2) 队员相互之间加强呼应。	
活　动　1：3对1反击射门练习。 **场地器材**：在罚球区前标出15m×15m区域。 **组织方法**： (1) 在区域内进行2对1攻防，首先1名进攻队员持球，目标是运球过底线。 (2) 在区域内另外两人防守，抢下球后迅速将球传给罚球区前等待的队友，然后完成射门。 **指导要点**： (1) 区域内的防守队员要迅速形成夹抢，完成抢断。 (2) 区域外接应的队友随时准备接球，高质量地完成射门。	
活　动　2：5对4反击射门练习。 **场地器材**：在罚球区前标出20m×20m区域。 **组织方法**： (1) 在比赛区域内进行4对3的攻防，3名进攻队员持球，目标是运球过底线。 (2) 4名防守人抢断之后迅速将球传给区域外的接应队员，然后传球人迅速跟进，在罚球区前形成2对1，突破防守之后完成射门。	

续表

示例

指导要点:

(1) 根据队员水平,可以增减跟进和回防的人数。

(2) 区域外接应队员接球后迅速利用人数优势完成射门。

小组比赛: 压缩场地的9对9快速反击攻防。

场地器材: 2/3足球场,两端各设一个大球门。

组织方法:

(1) 在区域内进行9对9比赛,每队都设守门员。

(2) 教练员持球站在场地内,当一支队伍处于进攻状态时(如右图所示,进攻方所有队员前压时),教练员将球传给被压迫的防守方,防守方得球后迅速展开反击。

(3) 当教练员抛球后,进攻方立即停止进攻,转为防守。

(4) 双方进球都有效。

指导要点:

(1) 反击时,达到射门区域之前尽量减少传球次数,争取在最短时间内完成射门。

(2) 教练员传球之后,进攻方立即变为防守方,迅速回防。同时,离球最近的队员尽量延缓对方进攻,不要盲目上抢。

第十章 ▸ Chapter 10

中级阶段过渡期实践课

一、体能恢复训练

(1) 体能恢复训练 1 示例如表 10-1 所示。

表 10-1　体能恢复训练 1 示例

年龄：13~15 岁	主题：体能恢复训练 1
目标：恢复体能，为下一阶段训练做准备	
示例	

热　　身：行进间颠球游戏。 **场地器材**：标出 20m 长的距离，每人一球。 **组织方法**： (1) 每人一球，从起点开始向前颠球，最先到达终点的为胜利者。 (2) 如果在行进中球落地，则需要在原地颠球 5 次之后继续前进。 **指导要点**： (1) 自己选择合适的部位进行颠球。 (2) 行进过程中，不得干扰其他队员颠球。	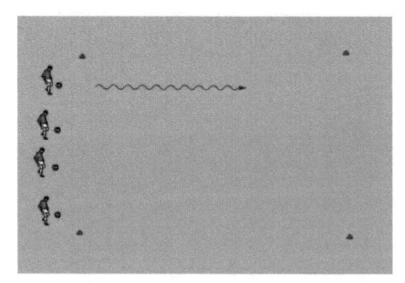
活　动 1：综合跑动练习 1。 **场地器材**：在 30m×20m 区域内如右图所示摆放标志盘，前四组相距 5m，最后一组相距 10m。 **组织方法**：每人进行 6~7 组练习，具体练习方式如下。 (1) 快速高抬腿通过标志盘。 (2) 跳过障碍物后快速跑至标志盘急停触地。 (3) 同步骤 (2)。	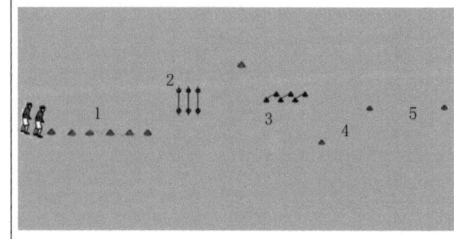

示例

（4）快速跑至标志盘触地。

（5）冲刺 10m。

指导要点：脉搏恢复至 130 次/min 之后再进行下一组练习。

活　动　2：综合跑动练习 2。

场地器材：在 30m×20m 区域内如右图所示摆放标志盘，前四组相距 5m，最后一组相距 10m。

组织方法：每人进行 6~7 组练习，具体练习方式如下。

（1）快速高抬腿通过标志盘。

（2）依次侧向高抬腿往返。

（3）冲刺 10m。

指导要点：

（1）脉搏恢复至 130 次/min 之后再进行下一组练习。

（2）可以与活动 1 交替练习。

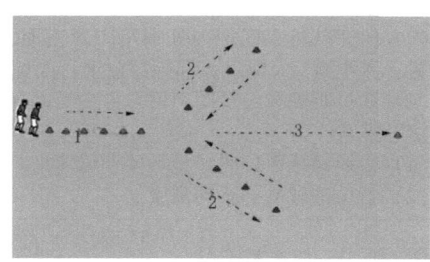

小组比赛：运球"翻盘"比赛。

场地器材：在 20m×20m 区域内均匀放置 20 个标志盘，其中 10 个正面，10 个反面。

组织方法：

（1）将所有队员分为两组，每人一球。

（2）队员听到教练员指令后全部运球进入场地内，一组负责把所有标志盘翻正，另一组负责翻倒，规定时间内场地上反、正标志盘多的组获胜。

指导要点：

（1）合理运用运球技术，始终将球控制在自己脚下。

（2）注意抬头观察周围的情况。

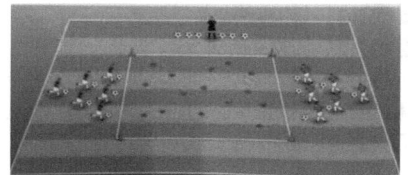

（2）体能恢复训练 2 示例如表 10-2 所示。

表 10-2　体能恢复训练 2 示例

年龄：13~15 岁	主题：体能恢复训练 2
目标：通过过渡期的小力量练习，恢复体能，为下一阶段训练做准备	
示例	

热　身：多部位综合颠球练习。 **场地器材**：规定区域内每人一球。 **组织方法**： （1）所有队员在区域内分别用脚背正面、脚内侧、脚外侧、大腿、头部等部位进行颠球。 （2）队员听到教练员哨声后自由变换颠球部位。 **指导要点**： （1）变换颠球部位时尽量不要让球落地。 （2）尝试把球颠到不同高度。	
活　动　1：快速跑练习。 **场地器材**：如右图所示摆放 4 个标志盘，每个相距 5m。 **组织方法**：按照右图所标的线路进行快速跑，每一次都要求手触地急停，最后一次冲刺结束。 **指导要点**：脉搏恢复至 130 次/min 之后再进行下一组练习。	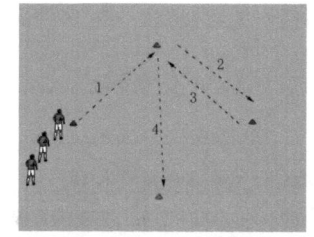
活　动　2：身体力量循环练习。 **场地器材**：体操垫。 **组织方法**：按照俯卧撑、腹肌、背肌、原地转向高抬腿、侧腰肌、侧向高抬腿、侧向跳跃、高抬腿（进 3 退 1）的顺序循环进行练习。 **指导要点**：根据队员的身体状况合理控制练习密度。	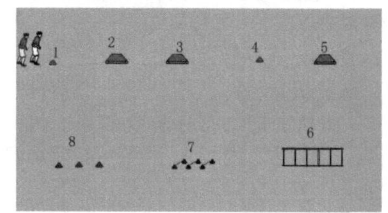
小组比赛：网式足球。 **场地器材**：网式足球场地长度为 10m，宽度为 5m，球网高度为 0.5m 左右。 **组织方法**： （1）参赛者可以用手、臂以外的任何部位击球。 （2）接球前允许球触地一次。 （3）每队最多可传球 3 次，第三次必须将球从球网上空击回至对方场地。 **指导要点**： （1）脚部快速移动，合理利用身体部位接控球。 （2）主动与队友协同配合，创造得分机会。	

二、传接球恢复训练

传接球恢复训练示例如表 10-3 所示。

表 10-3 传接球恢复训练示例

年龄：13~15 岁	主题：传接球恢复训练
目标：通过传接球练习，恢复体能，为下一阶段训练做准备	

示例	
热　　身：穿越隧道。 **场地器材：**标出 15m 长的距离，5 人一球。 **组织方法：** （1）5 人一组，前后间隔 1m 站立。 （2）每组标志盘外的第一名队员将球从 3 人双脚之间传给最后一人，最后一人接球后运球至最前面，依次循环进行，先到达终点的为胜队。 **指导要点：**可以先用手开始游戏，从而改变游戏难度。	
活　　动 1：3 人传球练习。 **场地器材：**标出 30m×20m 区域。 **组织方法：**3 人一球进行传接球，中间接应队员一传一接，向两边策应，依次顺序向前传接球。 **指导要点：** （1）两侧队员接球时向内靠拢，传球后迅速向两侧拉开。 （2）每一个单程做完后，互相交换位置。	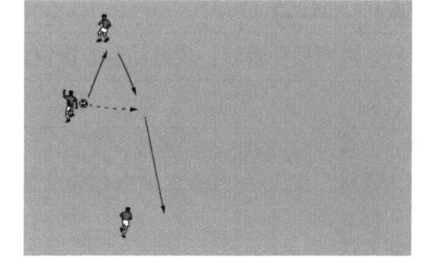
活　　动 2：4 人两球传球练习。 **场地器材：**标出 40m×20m 区域。 **组织方法：**4 人一组两球，边路队员持球，开始时先向中路传球，中路两名队员快速交叉换位上前接球，并向前回传。依次顺序向前传球。 **指导要点：** （1）尽量减少触球次数，中路队员要求一脚出球。 （2）每一个单程做完后，互相交换位置。	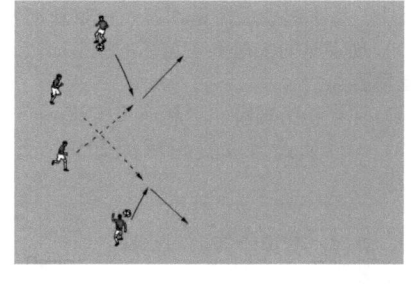

示例	
小组比赛："三色"对抗赛。 **场地器材**：标出 30m×40m 区域。 **组织方法**：9 名队员分别穿 3 种颜色的标志服，首先指定一种颜色的 3 人进行抢球，其他 6 人在区域内进行传控球。球出界或是被抢断，丢球的一方立即变为抢球方，场内始终保持 6 对 3。 **指导要点**： (1) 要求所有人集中注意力，丢球后迅速转变攻防。 (2) 可以限制控球方的触球次数。	

三、射门游戏训练

射门游戏训练示例如表 10-4 所示。

表 10-4　射门游戏训练示例

年龄：13~15 岁	主题：射门游戏训练
目标：利用团队游戏，使体能和心理快速地恢复和调节	
示例	
热　　身："问候朋友"游戏。 **场地器材**：在 20m×20m 区域内均匀放置与人数相等的标志盘。 **组织方法**： (1) 所有队员持球坐在自己的标志盘旁边。 (2) 队员听到教练员哨声后开始运球与其他队友握手，每次握手后需返回起点，重新出发。 (3) 规定时间内握手次数多的获胜。 **指导要点**： (1) 注意抬头观察，尽量小步运球。 (2) 可以通过改变打招呼的方式，来增减游戏难度。	
活　动　1：绕障碍物射门比赛。 **场地器材**：1/3 足球场，用标志杆将球门分成 3 个区。	

续表

示例

组织方法：

（1）运球绕过标志杆后，用脚背正面射门。射入1区得2分，射入2区得2分。

（2）规定次数内得分高的获胜。

指导要点：

（1）尽量减少触球次数，加快射门的衔接动作。

（2）鼓励队员采用多种脚法射门。

活 动 2： 1对1接球射门。

场地器材： 20m×15m场地，小球门两个，标志盘若干。

组织方法： 教练员将球踢向场地中央，先抢到球的队员成为进攻方，目的是射中对面的球门。防守方争取将球抢断或破坏。

指导要点： 接到球的进攻方尽量第一时间完成射门。

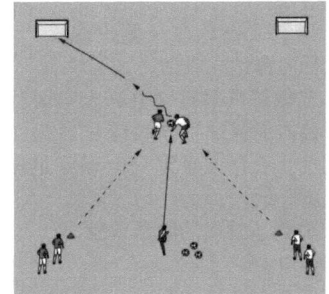

小组比赛： "反式进攻" 游戏。

场地器材： 在50m×25m区域中间标出20m×25m小区域，两侧各放置一个向外的大球门。

组织方法：

（1）在中间区域内进行5对5比赛，各有一名守门员守门。

（2）持球方目标将球传给前插到射门区的队友，射门区接球队员必须在两脚之内完成射门。

指导要点：

（1）鼓励队员接球直接射门。

（2）通过规定在中间区域的传球次数来改变游戏难度。

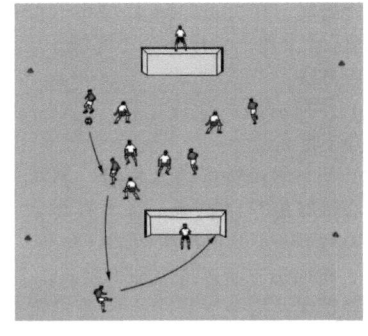

四、足球游戏

足球游戏示例如表 10-5 所示。

表 10-5　足球游戏示例

年龄：13~15 岁	主题：足球游戏
目标：利用各种足球游戏，使体能和心理快速地恢复和调节	

热　　身："红灯停、绿灯行"游戏。 **场地器材**：标出 15m×25m 区域。 **组织方法**： （1）所有人持球在一侧边线外，教练员手持红、绿色标志盘站在对面。 （2）当教练员举起绿色标志盘时代表绿灯，所有人开始向前运球；当教练员举起红色标志盘时代表红灯，所有人必须马上踩停足球，否则退回起点重新开始。 （3）先到达对面的队员获胜。 **指导要点**： （1）运球时要抬头观察，不要低头运球。 （2）可以通过改变运球的方式，来增减游戏难度。	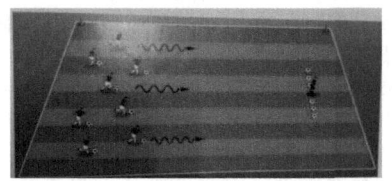
活　动　1："粮仓搬家"游戏。 **场地器材**：在 30m×30m 区域中心位置放置数个标志盘，4 个角上标出 4 个小区域。 **组织方法**： （1）将所有队员分成 4 组，每组一球，分别在 4 个角上准备。 （2）听到教练员指令后每组一名队员开始快速向中心运球抢夺标志盘，每次只能拿一个；运回本区域后下一名队员再次运球出发。 （3）抢回标志盘多的组即为胜队。 **指导要点**：抢夺过程中一定要控制好球，不可离球太远。	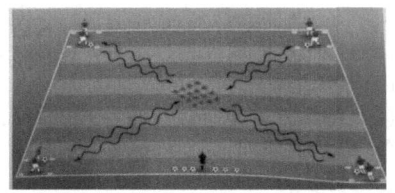
活　动　2："足球保龄球"游戏。 **场地器材**：标出 25m×25m 区域，在两侧 2m 外各放置 8 个大标志桶。 **组织方法**：在区域内进行 5 对 5 比赛，目的是打击对面的标志桶，双方不得出区域射门，先踢倒全部标志桶的即为胜队。 **指导要点**：鼓励队员运用各种脚法射门。	

续表

示例	
小组比赛：5 对 5 三球门比赛。 **场地器材**：在 30m×30m 区域中间用标志杆摆一个变成 5m 的三角形。 **组织方法**：在区域内进行 5 对 5 比赛，中间三角形的 3 个边都是球门，中间有一名守门员。只要球不出边线就继续进行比赛。规定时间内进球多的一队获胜。 **指导要点**： （1）多利用转移寻找射门机会。 （2）集中注意力，抓住一切机会完成射门。	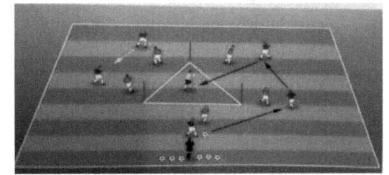

下　篇

——高级阶段

第十一章 ▶ Chapter 11

高级阶段训练理念及规划

第一节　高级阶段训练计划

在一周中，一般情况下比赛安排在周末进行。周训练计划应围绕比赛日确定训练的内容。一般在比赛后的第一、第二天进行有氧训练；第三、第四天进行大强度的训练；在赛前的倒数第二天进行恢复调整，赛前一天进行准备。

一、高级阶段周训练计划的组织方式

高级阶段周训练计划的组织方式示例如图 11-1 所示。

第13周训练目标（03.30—04.05）

U18	大周期2-学习		中周期4-保持状态		微周期-14		备战	
战术方面 技术方面	进攻主题：在前场活动		防守主题：区域防守		由守转攻：第三条线上防守，快速出球		由攻转守：回到位置，封堵传球线路	
	传球·一次触球·转移				过人·射门			
周一	3月30日	周二	3月31日	周三 4月1日	周四 4月2日	周五 4月3日	周六 4月4日	周日 4月5日
	8H20		9H00	9H00	9H00	9H00	9H00	9H00
	第一项		第一项	第一项	第一项	第一项	第一项	第一项
20	讲解周目标	40	核心力量·特殊力量	30 游戏	20 控球技术	15 游戏	20 基本技术	30 恢复性训练
30	4VS4比赛·有场外接应	15	5VS5比赛·有场内接应	20 4VS4+4传抢	20 5VS5比赛·有门	15 协调性	15 协调性	20 泳池·按摩
	第二项		第二项	第二项	第二项	第二项	第二项	第二项
20	4VS4比赛·有场内接应	40	5VS5比赛·有门	50 11VS11比赛	40 5VS5比赛·有门	25 4VS4比赛·有门	90 11VS11-1-4-2-3-1或训练赛	
40	进攻·防守（战术）				20 定位球	35 定位球		
	第三项		第三项	第三项	第三项	第三项	第三项	第三项
5	牵拉	5	牵拉			5 牵拉		
115		100		100	100	95	125	50
	休息		休息	休息	休息	休息	休息	休息

图 11-1　高级阶段周训练计划的组织方式示例

1. 战术

周训练初期，可以先设置一些简单的战术练习，然后逐渐增加战术的复杂性。

2. 技术

周训练初期以非对抗性技术练习为主，目的是提高练习的质量。周训练末期以对抗性技术练习为主，目的是提高队员的竞争意识、速度和强度。

3. 体能

周训练初期以伤病治疗和力量训练为主，周训练中期以耐力训练为主，周训练末期以速度训练为主。

二、高级阶段周训练框架

高级阶段周训练框架如表 11-1 所示。

表 11-1　高级阶段周训练框架

日期	时间		内容及原则
周一	上午	60~70min	非对抗性技术练习，训练课时间段，节奏要快，80%~90%的强度
	下午	90min	强度要比上午小，50%~70%的强度
周二	上午	90~110min	简单的战术和技术等综合性练习。训练过程要有节奏变化，高、中、低强度要平衡
	下午	休息	
周三	上午	90~100min	对抗性技术练习和复杂战术，80%~90%强度
	下午	90min	

续表

日期	时间		内容及原则
周四	上午	休息	
	下午	70~80min	位置技术和比赛情境下的技战术练习，强度不宜过大，以恢复为主
周五	上午	准备会	
	下午	60~80min	位置技术和比赛情境下的技战术练习。中等强度
周六	比赛		
周日	休息		

第二节　高级阶段年度训练内容安排

一、高级阶段球员的特点

1. 高级阶段球员生理特点

高级阶段球员的身高、体重已经基本定型，各项指标趋于稳定，其心理和认知能力趋于完备，基本可以完全接受、理解该阶段的各项训练要求。此阶段人体生长发育基本成熟，机体在形态和技能方面基本达到成人水平，主要表现在以下几个方面。

（1）骨骼：骨的无机盐增多，水分减少，坚固性增加而韧性降低。

（2）关节：关节面软骨相对较薄，关节囊及韧带的伸展性小，关节周围的肌肉粗壮，关节活动范围接近于成人，牢固性较好。

（3）肌肉：肌肉有机物增多，水分减少，肌肉重量不断增加，肌力也相应增加，此阶段小肌肉群迅速发育，躯干力量增加最快。

（4）血液循环：此阶段红细胞数为每立方毫米 440 万个，血红蛋白量为每 100mL 血 13.9g，接近常人水平。

（5）呼吸系统：呼吸频率逐渐减少，肺活量较大，摄氧量增加较缓慢。

（6）神经系统：第二信号系统机能已发展到一定水平，两个信号系统的相对关系已相当完善。

2. 高级阶段球员的心理特点

高级阶段球员在心理和行为上表现出强烈的自信，而他们的感情变得内隐，即内心世界活跃，但情感的外部表现并不明显，球员的社会意识已经接近成熟，并逐渐形成自己的人生观和价值观，对社会现实问题有自己的独立见解。此阶段球员在有限空间的比赛中，能更好地应对压力。尽管他们还不是一名成熟的足球运动员，但他们表现出一定的自我约束。他们开始注意与队友的配合，具有了良好的纪律性。此阶段教练员和领队必须充分认识到不同年龄组球员的不同特征，更好地协调球员间的关系。

高级阶段球员，不仅要熟练掌握各项基本技术，而且要熟练掌握各项专项能力；具备一定的战术理解能力，在比赛的不同阶段不仅要熟知自身位置所必须完成的各项职能，也要对其他位置有一定的了解并且在必要时能够胜任。在这个阶段，球员需要在与职业环境相同的密度、强度的比赛当中完成过渡。

二、高级阶段教练员训练注意事项

高级阶段，教练员使用更专业的训练方法是很重要的。

（1）教练员在技术上应更加全面，一切技术围绕实战出发，提高球员在狭小的空间内完成技术的能力，使球员在实战中熟练运用足球技术，技术动作更加合理、有效达到动作自动化，达到左右脚均衡发展。

（2）教练应教会球员特定位置的特定技能，使其理解不同位置的职责，以及每个位置的特点及要求。

（3）教练员应提高球员阅读比赛的能力，增强其场上瞬间决策能力，并迅速实施相应的行动。该阶段球员实战经验已经非常丰富，应随时做好为专业队效力的准备。

（4）教练员应注重培养球员独立、自信、敢于突破自我的鲜明的个人特点，使球员个人足球技巧与团队融为一体。

（5）教练员应引导球员树立正确的比赛态度，重视规则，讲究纪律性，注重人际关系，尊重教练员、队友与对手，将团队利益放在首位。

（6）教练员在训练中要增加训练的量和强度，特别是核心力量的训练。

三、高级阶段训练内容

高级阶段周训练内容示例如图 11-2 所示，高级阶段年度训练内容示例如表 11-2 所示。

组织

每周训练次数	6至8	每次训练时长	90-120
球员数	30	比赛时长	90
训练结构		细节	
一般理论-核心力量	30	场地尺寸	100×65
协调性-基本技术	10	球	9至10
小场地比赛	20	球门	大
战术比赛	40	强度	高
补充技术训练	15	规则	
调整放松			

目标： 在比赛情境中巩固基本功，掌握比赛防守、进攻和攻防转换中的团队行动，加强体能和力量——最大力量。练习核心力量和脊柱稳定性。培养鲁能的比赛风格。

在该阶段结束时球员应该已经能用左右两脚执行技术动作，具有战术智慧，了解其所踢位置的职能，并表现出进入职业队踢球的潜质。

练习小、中、大场地比赛。实践11人制足球的战术知识。指导球员踢固定的位置。培养鲁能的比赛风格。

比赛	技术	游戏	协调性	力量
55	15	5	5	20

战术	比重	技术	比重	体能	比重	心理	比重
控球 跑位	5	传接球	5	力量 力量耐力	5	初级 积极性	5
支援	5	控顺球	3	爆发力	5	自信	5
节奏	5	射门	5	最大力量	5	协作	5
宽度	5	带球	5	预防性力量	5	决策	5
绕过	5	过人	5	耐力 有氧耐力	5	顽强	5
保护 做墙	5	一对一的进攻	5	高强度有氧耐力	5	高级 竞争意识	5
传球路线	5	传中球	5	乳酸性无氧耐力	5	注意力集中	5
二过一	5	头球的进攻	5	非乳酸性无氧耐力	5	责任感	5
射门 渗透	5	保护球	5	速度 反应	4	自律	5
进攻配合	5	一对一的防守	5	加速	4	社会 沟通	5
积极进攻	5	拼抢	5	最大速度	4	尊重	5
破坏控球 整体移动	5	反抢	5	非循环性速度	4	纪律	5
压缩距离	5	头球的防守	5	游戏 关节活动/柔韧性	2	游戏 团队训练（游戏）	3
盯防	5			协调性/平衡	4	小组训练	5
防守平衡	5			灵敏性	5	个人训练	2
破坏保护 无球跑动	5			功能动作训练体系	3		
指引传球线路	5			自身平衡			
破坏射门 协防	5						
预判	5						
压迫	5						
反击	5						

图 11-2　高级阶段周训练内容示例

表 11-2　高级阶段年度训练内容示例

项目	技术	战术	体能	心理
任务	在比赛情境下巩固足球技术，提高传控球能力	掌握进攻、防守和攻防转换时团队整体的配合	提高核心力量和身体功能及速度耐力	确保在有积极鼓励的情境下充分发掘自身潜力
内容	①传接球 ②运球过人 ③1 对 1 攻防 ④头球攻防 ⑤抢断球 ⑥射门 ⑦下底传中	①控球 ②保护 ③射门 ④破坏控球 ⑤破坏保护 ⑥破坏射门	①力量耐力 ②爆发力 ③高强度有氧耐力 ④大强度无氧耐力 ⑤反应速度 ⑥绝对速度 ⑦核心力量 ⑧柔韧和灵敏	①自信 ②协作 ③沟通 ④尊重 ⑤竞争 ⑥团队

四、高级阶段年度训练课时安排

高级阶段全年训练课时安排如表 11-3 所示。

表 11-3　高级阶段全年训练课时安排

指标	训练量	指标	训练量
训练周数	46 周	每月训练总时间	2160~2640min
每周训练次数	6 次	全年训练总时间	24840~30360min
每课训练时间	90~110min	全年训练总时间	414~506h
每周训练总时间	540~660min	全年进行的友谊赛	40 场

第十二章 ▶ Chapter 12

高级阶段训练指导

第一节　高级阶段防守技术

防守同进攻一样，也需要一定的技术。如今防守的含义同以前相比有了很大变化。以前的防守主要通过站位、收缩阵型来保护球门，这种防守被称为被动防守。现代的防守理念是为了夺回控球权并在第一时间发动进攻。同时防守技术也发生了变化，越来越少地倒地铲球，越来越多地铲断球。防守技术越来越全面，防守队员也越来越多地参与到进攻中。现代足球中控球权越来越成为比赛的关键。球队不仅仅要保护本队的球门，更要在对抗中断球。

防守，在对方拿球时即开始，防守的地点是全场。防守区域可分为 3 个区域，分别是后场区域、中场区域、前场区域。3 个区域的防守原则分别是：后场区域，保护本队球门和射程范围区域、阻止对方射门；中场区域，争夺控球权、阻止对方快速进攻、保持整体队形、阻止对方进攻、组织争取夺回控球权；前场区域，阻止对方控球、阻止对方快速推进、前锋队员阻止对方守门员快速发球、紧逼持球队员、封堵对方出球路线、阻止对方长传、尽量多地创造一对一的防守机会。

比赛中很多球队在前场和中场丢球快速退到后场，但70%的进球是在前场区域和中场区域夺回控球权后发动进攻的。正确的防守观念应该是以夺回控球权为目的的防守，而不只是为了保护本队的球门。

一、防守的基本原则

防守有如下基本原则。

（1）在中轴线上始终要有队员防守。只有这条线上的球员发挥出应有水平，整支球队才能发挥出较好水平。球员间激烈的争夺主要发生就在中轴区域。

（2）队员一旦丢球就要面对对方球门后退跑，不要背对对方背身跑。

（3）队员应该明确哪些区域是导致丢球的危险区域，在这些区域内要对进攻队员严密防守。

（4）一旦丢球必须有一名队员立刻紧逼对方拿球队员。其他队员要注意对方无球队员的跑动，切断他们之间的传球线路。

（5）要注意前锋、中场、后卫3条线保持合适的距离。

二、个人防守的原则

1. 断抢

在两名攻方队员之间进行抢球时应注意以下事项。

（1）保持合适的距离。

（2）选择合理的站位。

（3）准备并及时移动重心断抢。

2. 正面一对一防守

（1）判断好对方带球的节奏，保持好防守的距离，延缓对方推进的速度。

（2）掌握好抢球的时机和距离。

（3）降低并及时移动身体重心，双脚应前后站立。

（4）通过选位，控制进攻队员的方向，将对方逼向有利于自己的位置。

（5）眼睛不能离开球。

（6）在带球进攻队员脚离开球的刹那间抢球。

（7）尽量站立防守，若没有把握，就不要轻易倒地铲球。

3. 进攻队员有接应情况下的抢断球

（1）不让带球队员突破。

（2）防守时首先考虑好自己所在的区域。

（3）控制带球队员向一个方向带球，延缓它的速度，兼顾接应队员。

4. 防守队员侧面迎上抢断球

（1）判断好带球前进的节奏。

（2）选好抢截的角度，有效的方法是抢断下来，发动反击，而不是踢出界外破坏球。

5. 进攻队员背身情况下的抢球

（1）快速紧逼，保持好距离，不让控球队员转身。

（2）防守队员一定要降低重心，处在能看见球的位置。

（3）通过身体来控制进攻队员，合理利用双臂，限制进攻队员。

（4）防守时应耐心，不要轻易犯规或伸脚抢球。

6. 防守持球队员时的注意事项

（1）快速上前干扰。

（2）不让持球队员带球摆脱或传球。

（3）尽量迫使持球队员向有利于自己防守位置的方向发展。

7. 防守无球队员时的注意事项

（1）注意球和无球队员的移动。

（2）站位时应该在无球队员和球门之间。

（3）合理选位，控制好无球队员，防止无球队队员接球；控制无球队员的接球线路，间接地给持球队员压力。

队员防守时要保持正确的防守姿势，降低重心。用上身姿势逼迫进攻队员进入自己想让其进入的区域，不要被进攻队员的假动作迷惑，没有合适的机会不要轻易出脚断球，以防被对方摆脱。断球的最佳时机就是进攻队员失去对球控制的瞬间。

防守的四要素：对持球队员的防守、对无球队员的防守、对传球线路的防守、对进攻空间的防守。在防守时球队应该以夺回控球权为目的，同时在场上做到以上四要素。这不仅需要好的体能、技术，更需要好的头脑。

三、防守方式

防守方式有：人盯人防守、区域防守、盯人与区域防守相结合、紧逼防守。在实际运用中不论球队采用哪种防守方式，全队都要有统一认识，教练员应根据队员的特点制定防守方针。

四、防守要素

不论球队采用哪种防守方法都要重视 3 个要素：①对方控球时，6~15s 之内必须上前紧逼；②尽量快地缩小空当；③无论对方哪名队员拿球，本方都要有一名队员上前防守。

在上前防守时要注意：①紧逼持球队员，不让持球队员启动；②不让持球队员摆脱传球；③尽可能靠近持球队员，迫使持球队员向后传球或横传球；④迫近持球队员，迫使持球队员使用其不擅长的脚处理球；⑤迫近持球队员，迫使持球队员向自己想要其去的方向。

在对无球队员防守时要注意：①密切注意无球队员和球的移动；②在球和无球队员之间合理选位；③阻止无球队员向球门移动；④当球在球场一侧时，重点防守球附近的无球队员。

五、不同防守方式的特点

1. 人盯人防守

这种防守方式适合个人能力特别强的球队，队员在一对一对抗中有优势，同时队员有一定的创造性，在断球后能很有效地、很快地发动进攻。这种防守方式比赛简单，但在使用时有一定风险。

2. 区域防守

这种防守方式适合有集体防守意识的球队，要求队员之间配合紧密、协调。在本方丢球后队员能很快站好自己的位置，做好补位和交换位置的准备。这种防守要求前锋在前场要减缓对方进攻的速度；中场队员站好位置后指挥前锋迫近或适当退守；后卫队员封堵所有空当。一旦本方夺回控球权，整体队形立即向前移动。

3. 盯人与区域防守相结合

这种防守方式是全攻全守的形式，非常有效，而且对队员的要求很高。要求队员要有较强的战术意识及全面的技术。防守原则：除自由中卫外，其他队员在自己区域盯人；一旦丢球，通过回撤合理站位来封堵对方进攻路线；后方队员在后防线不要交叉换位；中场队员在自己区域内防守。

4. 紧逼防守

紧逼防守的目的不是单单防守本方球门，而是为了重新获得控球权。最重要的原则就是迫使对方犯技术错误。为了达到该目的，必须使所有队员认识一致、行动一致。在使用该防守方式时应该认识到，该防守方式对体能的要求非常高，队员不可能在整场比赛中都有足够体能使用该防守方式。

第二节　高级阶段进攻技术

谁得到球谁就是进攻者。对进攻者来讲，一旦得球就要快速发动进攻。

进攻的基本概念就是通过一系列协调合理的跑动用快速稳健的方式将球向对方球门推进，达到射门得分的目的。

一、进攻的推进方式

（1）通过长传和直传球发动进攻。这种方法当对方在远离自己球门时，进攻方不通过中场直接将球传到前场发动进攻，一般在对方整体压上，己方断球后快速反击时使用，不过这种机会在比赛中不会太多。需要有足够空间才能使用这种方法。

（2）通过后卫断球后直接向对方纵深带球或同中场队员配合发动进攻。这种情况在比赛中不多见，但是一旦出现往往是决定性的进攻。在高级段的比赛中较少遇到这种情况，但教练员可以鼓励后卫队员做这样的尝试。

（3）通过中、短距离传球向对方球门推进。这是一种比较稳健的方法，不容易丢球，但需要队员有较好的脚下技术。

在实际比赛中，不能单纯使用某一种手段，应该将三者结合起来。

二、进攻阶段基本原则

1. 组织原则

（1）队员必须有开阔的视野。

（2）队员能够进行准确的纵向横向长传转移。

（3）为了创造、寻找空当，无球队员要能够有效地进行无球跑位。无球跑位不只是为了得到传球，通过无球跑位也能为队友制造空当。

（4）队员能够熟练运用运动中的传接球技术。

（5）在断球后队员要懂得变换比赛节奏，快速向运动中前锋传球。

2. 阵地进攻原则

阵地进攻不同于快速反击，在组织过程中，由于攻守人数基本平衡，防守一方不易暴露出较大的空当，这就需要进攻队员具备两项素质：全局观和节奏感。直线的渗透性传球是阵地进攻组织的关键，将进攻直接深入对方的后卫线及禁区前沿，在这个区域往往能够创造出得分的机会。

（1）无球队员总是处于无球接应跑动中，中前场队员通过灵活机动的跑位，以调动和拉开对方的防线。

（2）尽量地帮助持球队员，在有球一侧短传配合，突然转移到球场的另一侧进攻。

（3）由于场地两侧防守队员较少，空隙较大，应在这一地区发动进攻，突破防线射门或传中由队友射门。

（4）控球队员应首先考虑向前传球，加快向前推进的速度。传球要准确、简练地完成。

（5）加强中远距离的射门，以便拉出门前区域的防守队员。

（6）以短传为主辅以长传。

3. 快速进攻原则

快攻的形成主要有以下几种：守门员得球后，对方压得比较靠前，守门员迅速地传球给进攻的组织队员，或直接迅速将球传给本方埋伏在对方后卫附近的突击队员，突破对方防线；在中前场抢截球后，立即发动反击，一旦突破，其他队员就要跟进协同配合或包抄射门；在中前场获得任意球时，快速发球或快速反插上接球，都能形成快攻机会。

（1）快攻必须准确、及时，恰到好处。

（2）队员要具有开阔的视野。

（3）队员能进行纵深长传。

（4）在无球时无球队员能够快速奔跑 40m 左右。

（5）队员具有快速进攻中的传接球技术。

4. 进攻射门原则

（1）前锋在门前配合应该做变速动作，要突然、快速。

（2）应该多采用直接传球、二过一配合。

（3）熟练运用不停球射门，比赛中很多的射门是在运动中不停球、一脚触球完成的。

（4）熟练用身体各部位控球、射门，熟练运用假动作。

（5）熟练运用传中和在门前合理跑位，多使用交叉跑位。

（6）懂得斜向跑动以便插到防守队员身后。

（7）中场队员能够插上射门，比赛中有31%的射门是由中场队员插上射门得分的。

三、破密集防守的方法

（1）断球后尽量快地进攻，不给对方回位时间。

（2）尽量拉开向两边发展。

（3）尽量让前锋队员接应传球后，向回跑位，拉开防守空当。

（4）尽量避免在对方防守线上横向传球。

（5）尽量多地运用二过一配合。

（6）进攻一方要有足够耐心，吸引防守方脱离正确的防守位置。

第三节　高级阶段战术意识

战术意识是队员或球队根据场上不断变化的形势做出的快速、正确的反应。通过训练可以从3个方面改善队员或球队的战术意识：①丰富进攻手段；②提高队员的战术意识；③攻守的转换。

如果高级阶段队员已经掌握了在这个年龄段应该掌握的基本技战术知识，我们就要尽可能地对队员进行战术意识训练。

一、丰富进攻手段

进攻时可以采取以下手段：①队员要掌握不同的位置技术；②队员后插上、交叉换位；③队员大范围转移球；④边路进攻、中路进攻相结合；⑤队员要掌握

进攻节奏的变化；⑥通过合理、协调的跑动向对方球门推进。

二、提高队员的战术意识

战术意识可以通过后天的训练而改善。训练中要给队员时间让他们自己去思考如何解决问题。队员难免会犯错误，这种错误本身也是一种进步。教练员不要立刻给出答案，否则队员只是一个执行者，当遇到同样的问题时还是无法解决问题。教练员要引导队员犯错误后要总结经验教训。

有些教练员会有意让球队输掉一些比赛，以让队员发现问题并想办法解决问题。高级阶段教练员应该清楚训练、比赛的目标。为了达到最终目标，可以将输掉一些比赛看成一种准备。

教练员在指导比赛时要始终铭记球队的终极目标，要引导队员树立正确的胜负观，要让队员明白他们赢得比赛的意义与价值。进行战术意识训练时每队的队员尽量不要超过 3 名，因为在这种情况下，有助于提高队员面对困难解决实际问题的能力。

三、攻守的转换

足球比赛的特点就是常在进攻、防守中转换。防守就是要夺回控球权，进攻就是要保持控球权，将球向对方球门推进，以达到进球的目的。这种攻防角色转换一定要考虑进攻失球后的防守，防守方得球后怎样进攻。其中有 3 个因素必须考虑：①夺回控球权；②保持控球权；③攻守转换。

第十三章 ▶ Chapter 13

高级阶段准备期实践课

一、运球

运球训练示例如表 13-1 所示。

表 13-1　运球训练示例

年龄：16~18 岁	主题：运球		时间：90min
目标：提高比赛情境下的运球变速过人能力			
示例			
热　身：自由运球。 **场地器材**：30m×30m 场地，足球、标致盘若干。 **组织方法**：队员在场地内用左右脚自由运球，遇到队友时运球躲闪。 **指导要点**： (1) 运球时，人球之间保持适当距离，要控制住球。 (2) 遇到队友时要快速启动运球躲闪队友。 (3) 在热身中加上牵拉。			
活　动 1：运球变速过标致盘。 **场地器材**：50m×5m 场地，足球若干，标志桶6个。 **组织方法**： (1) 在如右图所示场地内练习直线变速运球。 (2) 到标志盘 1 时，加速运球；到标志盘 2 时，用脚把球踩住，然后慢速运球；到标志盘 3 时，再加速运球。依次类推。 (3) 左右脚交替练习。	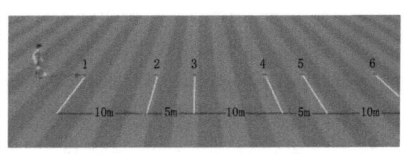		

续表

示例	
指导要点： （1）运球时，重心要低，要控制好球。 （2）运球加速时要迅速启动，运球速度的变化要明显，加速后身体要及时跟上足球。	
活 动 2：四小球门比赛。 **场地器材**：25m×25m 场地，足球若干，用标志盘摆如右图所示 4 个小球门。 **组织方法**： （1）将队员分成两组，每组 3 人。在如右图所示区域内进行 4 对 3 攻防练习，双方分别进攻对面底线的两个球门。场内设一名自由人，自由人属于控球进攻的一方。 （2）运球通过标志盘摆成的球门后必须把球踩住才算得分。得分后，教练员迅速传球给失球方队员，由失球方进攻。 **指导要点**： （1）队员要在跑动中接球。 （2）比赛中尽可能多地运用变速运球过人，左右脚均衡发展。	

二、运控球

运控球训练示例如表 13-2 所示。

表 13-2　运控球训练示例

年龄：16~18 岁	主题：运控球	时间：90min
目标：提高比赛情境下的运球转身能力		
示例		
热　身：自由运球并破坏对手的球。 **场地器材**：20m×20m 场地，足球、标致盘若干。 **组织方法**：队员在场地内用左右脚自由运球，遇到对手时运球躲闪，在控制住自己球的前提下，争取把对手的球踢出场地，最后留在场地内的队员获胜。		

示例

指导要点：

（1）运球时，人球之间保持适当距离，要控制住球。

（2）要主动找对手，不能在原地运球。

（3）破坏对手的球时，首先要控制好自己的球，要找准时机，快速出击。

（4）在热身中加上牵拉。

活　动　1： 克鲁伊夫运球转身。

场地器材： 10m×5m 场地，标志盘、足球若干，标志盘间隔 8m。

组织方法： 队员在两个标志盘间往返运球，到标志盘时利用克鲁伊夫运球转身技术返回。

指导要点：

（1）运球快到标志盘时要提前想好要做的运球转身动作。

（2）转身时的假踢动作幅度要大，之后要快速地以支撑脚为轴转动身体。

（3）转身后要快速衔接运球。

（4）左右脚交替练习。

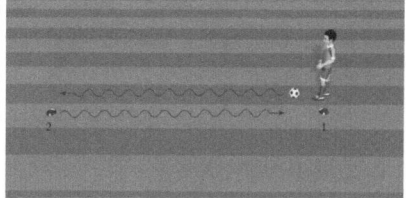

活　动　2： 四小球门比赛。

场地器材： 25m×25m 场地，小球门 4 个，足球、标志盘若干。

组织方法：

（1）在如右图所示区域内进行 4 对 3 比赛，双方队员各进攻两个球门，场内有 1 名自由球员，自由球员属于控球进攻的一方。

（2）队员射门成功得 1 分，每成功地完成一个克鲁伊夫运球转身过人动作得 1 分。一方队员射门成功或球出界后，教练员迅速传球给另一方队员，由另一方队员展开进攻，在规定时间内得分多的一方获胜。

指导要点：

（1）队员要在跑动中接球。

（2）比赛中尽可能多地运用克鲁伊夫运球转身过人技术，左右脚均衡发展。

（3）在 1 区内不能射门得分，只有成功地运用克鲁伊夫转身动作过人后才能离开 1 区进行射门。

三、传接球

传接球训练示例如表 13-3 所示。

表 13-3　传接球训练示例

年龄：16~18 岁	主题：传接球	时间：90min
目标：提高比赛情境下的传接球能力		

示例	
热　身：慢跑中传接球。 **场地器材**：25m×25m 场地，足球、标志盘若干。 **组织方法**：队员两人一球在场地内自由传接。 **指导要点**： (1) 轻松，慢速。 (2) 不要快速。 (3) 在热身中加上牵拉。	
活　动　1：固定区域的 3 对 1 综合传接球。 **场地器材**：26m×10m 场地，足球、标志盘若干，如右图所示摆放。 **组织方法**： (1) 1 区进攻队员控球，在 1 区内 3 对 1，进攻队员只能两次触球，听到教练员信号后要快速把球转移到 3 区。 (2) 2 区设置一名防守队员在其区域内阻截 1 区队员向 3 区的传球。 (3) 1 区进攻队员成功将球转移到 3 区后，1 区防守队员进入 2 区，2 区防守队员进入 3 区，在 3 区内 3 对 1。 (4) 依此循环练习。 (5) 球如果被防守队员截断或出界，教练员传球给进攻队员重新开始练习。 **指导要点**： (1) 进攻队员要控制好球，在其区域内快速移动接应做好传球、接球。队员听到教练员信号后要快速把球转移到另一区域。转移球时要在短时间内快速作出决策，通过合适的脚法避开防守队员把球传给另一区域的接应队友。 (2) 另一区域的接球队员要注意移动接应，把球接好。	

续表

示例
（3）在 2 区的防守队员要不停地移动，拦截对方的传球。 （4）防守队员由弱防守逐渐过渡到积极防守。 （5）每个区域的进攻队员只能在自己的区域活动，不能出自己所在区域。

活 动 2：固定区域的 4 对 2 综合传接球。

场地器材：46m×10m 场地，足球、标志盘若干，如右图所示摆放。

组织方法：

（1）1 区进攻队员控球，在 1 区内 4 对 2。队员听到教练员信号后，要利用长传球快速把球转移到 3 区。

（2）2 区两名队员在其区域内阻截 1 区向 3 区的传球。

（3）1 区进攻队员成功转移后，1 区防守队员进入 2 区，2 区防守队员进入 3 区，在 3 区内 4 对 2。

（4）依此循环练习。

（5）球如果被防守队员截断或出界，教练员传球给进攻队员重新开始练习。

指导要点：

（1）进攻队员要控制好球，在其区域内快速移动接应完成传球、接球。队员听到教练员信号后要快速把球转移到另一区域，转移球时要在短时间内快速作出决策，通过合适的脚法避开防守队员把球传给另一区域的接应队友。

（2）另一区域的接球队员要注意移动接应，把球接好。

（3）在 2 区的防守队员要不停地移动，拦截对方的传球，在对方成功转移球后，要快速进入下一区域逼抢控球队员。

（4）防守队员由弱防守逐渐过渡到积极防守。

（5）每个区域的进攻队员只能在自己的区域活动，不能出自己所在区域。

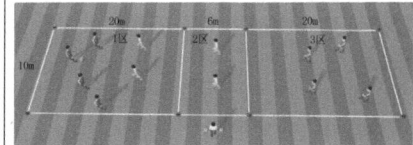

四、射门

（1）射门训练示例如表 13-4 所示。

表 13-4　射门训练示例

年龄：16~18 岁	主题：射门		时间：90min
目标：提高 1 对 1 接地滚球运球过人射门能力			
示例			
热　身：传接球过人。 **场地器材**：25m×25m 场地，足球、标志盘若干。 **组织方法**：队员两人一球在场地移动中相向传接球。 **指导要点**： （1）接球队员要在移动中接球，接球时要顺势突破传球队员。 （2）不要快速。 （3）在热身中加上牵拉。			

（热身示例图）

| **活　动　1**：1 对 1 接地滚球直接过人射门。
场地器材：足球场 1 个，足球若干。
组织方法：
（1）B 队员传球给 A 队员，然后向前跑动。
（2）A 队员接球后直接传地滚球给向前跑动的 B 队员。
（3）B 队员接球直接运球突破 C 队员射门。
（4）循环练习。
指导要点：
（1）A 队员的传球要准确，力度要适中。
（2）B 队员跑动中接球，要采用接球直接过人的方式突破 C 队员，B 队员接球过人时重心要快速移动，用身体挡住防守队员，并控制住球。
（3）B 队员突破 C 队员的防守后有合适的角度时要及时射门，射门时要根据守门员站位采用不同脚法射门，射门时要尽全力。
（4）C 队员由弱防守逐渐过渡到积极防守。 | | | |

（活动 1 示例图）

活　动　2：1 对 1 接地滚球快速运球过人射门。
场地器材：30m×30m 场地（如右图所示，平均分为两个场地），球门两个，足球、标志盘若干。

续表

示例	
组织方法： （1）A 队员传球给 B 队员，然后向前跑动。 （2）B 队员接球后直接传地滚球给向前跑动的 A 队员，然后防守 A 队员。 （3）A 队员接球，运球突破 B 队员的防守射门。 （4）A 队员射门后立刻跑到 2 区，接 C 队员传球，然后传地滚球给 C 队员防守 C 队员的射门。 （5）循环练习。 **指导要点：** （1）A 队员要跑动中接球，做好接球和运球的衔接，接球后采用简单实用的过人方法快速突破 B 队员的防守射门。 （2）A 队员运球过人后要用身体挡住防守队员并迅速衔接射门，射门时多射低平球。 （3）A 队员射门后要快速跑到 2 区防守 C 队员的射门。 （4）防守时先采用弱防守配合练习，再逐渐过渡到积极防守。	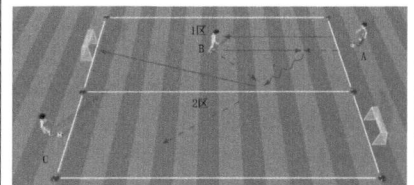
教学比赛：一对一射门比赛。 **场地器材：**20m×10m 场地，小球门两个，足球、标志盘若干。 **组织方法：** （1）两名队员位于小球门前准备启动。 （2）教练员将球传向场内，两名队员同时启动抢球。 （3）抢到球的队员运球过人射门，另一名队员防守。 **指导要点：** （1）观察传球时机，启动要快。 （2）突破后的射门稳、准、狠。	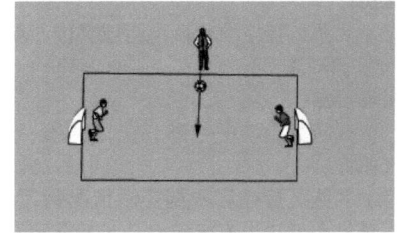

（2）射门 2 训练示例如表 13-5 所示。

表 13-5　射门 2 训练示例

年龄：16~18 岁	主题：射门 2	时间：90min

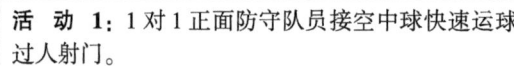

示例	
热　　身：传接球。 **场地器材**：25m×25m 场地，足球、标志盘若干。 **组织方法**：队员 3 人一组，两侧队员抛空中球给中间队员，中间队员接球后运球转身把球传给另一侧队员，轮流练习。 **指导要点**： （1）接球后，转身的衔接要流畅。 （2）速度由慢到快。 （3）在热身中加上牵拉。	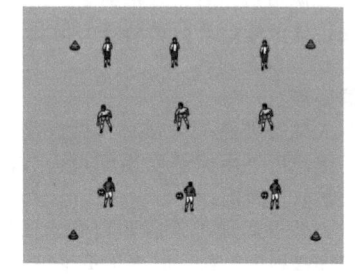
活　动　1：1 对 1 正面防守队员接空中球快速运球过人射门。 **场地器材**：1/2 足球场，球门 1 个，足球若干。 **组织方法**： （1）A 队员向 B 队员身前传空中球，B 队员跑动中接球。 （2）C 队员在 B 队员接球后跑向 B 队员防守 B 队员。 （3）B 队员接空中球后，运球突破 C 队员射门。 （4）循环练习。 **指导要点**： （1）B 队员跑动中接球，接球的第一落点，把球控制好。 （2）B 队员接球后根据实际情况利用简单实用的运球过人方式快速突破 C 队员的防守。 （3）B 队员突破过 C 队员的防守后合适的角度时要及时射门，射门时要根据守门员站位采用不同脚法射门，射门时要尽全力。 （4）B 队员要在最短时间内完成接球、运球过人射门。 （5）C 队员由弱防守逐渐过渡到积极防守。	
活　动　2：1 对 1 背对防守队员接空中球快速运球过人射门。 **场地器材**：1/2 足球场，球门 1 个，足球若干。	

续表

示例

组织方法：

（1）A 队员向 B 队员传空中球，B 队员回撤跑动中接球。

（2）C 队员跟随 B 队员跑动，干扰 B 队员的接球。

（3）B 队员接空中球后，运球转身突破 C 队员的防守射门。

（4）循环练习。

指导要点：

（1）B 队员跑动中接球，接球的第一落点，把球控制在自己身体范围内，可根据 C 队员的防守位置采用接球直接过人。

（2）B 队员接球后要快速转身，利用各种过人方式快速突破 C 队员的防守。

（3）B 队员突破过 C 队员的防守后有合适的有角度时要及时射门，射门时要根据守门员站位采用不同脚法射门，射门时要尽全力。

（4）B 队员要在最短时间内完成接球转身，运球过人射门。

（5）C 队员由弱防守逐渐过渡到积极防守。

教学比赛：一对一射门比赛。

场地器材：20m×20m 场地，小球门 4 个，足球、跳栏若干。

组织方法：

（1）进攻队员依次从跳栏跳过，接守方队员的空中球后运球突破防守队员后射门。

（2）射门结束后，攻方与守方交换练习；规定时间进球多者获胜。

指导要点：

（1）要快速跳过跳栏。

（2）强调接球与运球射门的衔接。

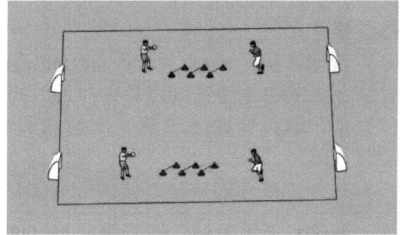

五、3 人配合射门

3 人配合射门训练示例如表 13-6 所示。

表 13-6　3 人配合射门训练示例

年龄：16~18 岁	主题：3 人配合射门		时间：90min
目标：提高配合射门的能力			
示例			
热　身：传接球。 **场地器材：**25m×25m 场地，足球、标志盘若干。 **组织方法：**队员 3 人一组，两侧队员传地滚球给中间队员，中间队员来回跑动中直接传球。轮流练习。 **指导要点：** （1）中间队员一脚触球，传球后转身跑向另一侧队员，接球传球。 （2）速度由慢到快。 （3）在热身中加上牵拉。			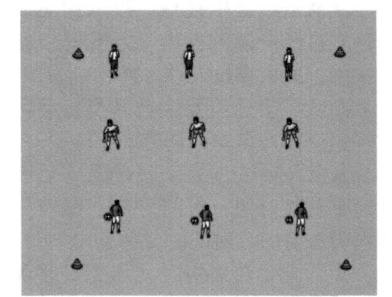
活　动 1：3 人连续墙式二过一配合射门练习。 **场地器材：**1/2 足球场，球门 1 个，足球、标志盘若干。 **组织方法：**A 队员传球给 B 队员，B 队员传球给 A 队员，A 队员传球给 C 队员，C 队员再传球给 A 队员，A 队员接球射门。循环练习。 **指导要点：** （1）传球队员要将球传在队友的跑动路线上，同时结合队友的跑动速度选择传球的时机和速度。 （2）射门队员传球后突然、快速的跑动是配合成功的关键。 （3）提高传接球的质量，做到一脚出球。			
活　动 2：半场 3 对 2 射门练习。 **场地器材：**40m×20m 场地，小球门两个，足球、标志盘若干。 **组织方法：** （1）将场地分为两个半场，每队 5 人，每队 2 人在乙方半场防守，另外 3 人在对面半场进攻。 （2）首先在一个半场内进行 3 对 2 攻防练习，完成进球或防守得到球后，防守方把球传到对面半场的本方队员，再在另一半场进行 3 对 2 攻防练习。			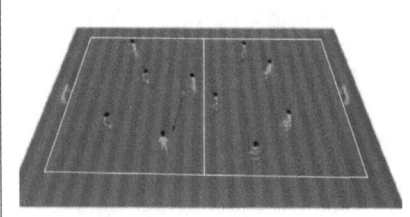

续表

示例	
指导要点： （1）进攻时没有越位限制，无球队员要积极跑动接应，利用配合完成射门得分。 （2）防守方得球后要将球迅速传给对面半场的队友。	
教学比赛：5 对 5 比赛。 **场地器材：**35m×20m 场地，小球门两个，足球、标志盘若干。 **组织方法：**在场地内进行有守门员的 5 对 5 比赛。 **指导要点：**进攻时要多传球，通过传球配合完成射门才算得分。	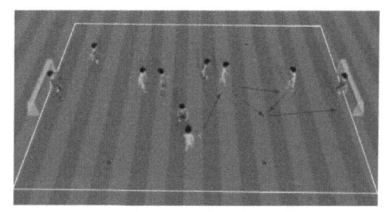

六、前锋位置技术

前锋位置技术训练示例如表 13-7 所示。

表 13-7　前锋位置技术训练示例

年龄：16~18 岁	主题：前锋位置技术	时间：90min
目标：提高前锋抢点射门的能力		
示例		

热　　身：颠球。 **场地器材：**15m×15m 场地，足球、标志盘若干。 **组织方法：**队员两人一球，纵向相对站立，持球队员自由颠球，然后用头部或脚背正面传空中球给队友，队友接球后继续颠球。循环练习。 **指导要点：** （1）队员脚下不要站死，要不停移动。 （2）传空中球时要掌握好传球的速度和弧度，便于队友处理球。 （3）在热身中加上牵拉。	
活　动　1：前锋中路争顶射门。 **场地器材：**1/2 足球场，球门 1 个，足球若干。 **组织方法：**A 队员、B 队员依次从两个罚球区外侧附近向罚球区内传过顶球到门前，中路两名前锋跑动中头球争顶射门，1 名防守队员头球争顶解围。	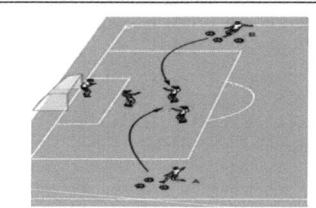

续表

示例

指导要点：

（1）传球队员的传球落点要准，球速要快，弧度要稍大。

（2）前锋争顶时要根据来球的运行线路判断好起跳时机和起跳点位置，跳起后在空中要保持身体重心的平衡，顶球时颈部要紧张用力，争取将球向下顶。

（3）两名前锋交叉换位摆脱防守队员。

（4）防守队员由弱防守过渡到积极防守。

活 动 2：前锋凌空射门。

场地器材：1/2 足球场，球门 1 个，足球若干。

组织方法：

（1）A 队员从罚球区底角附近传低平球到罚球区的点球点附近。

（2）前锋队从远端罚球区角 B 队员处迎球跑动凌空射门。

指导要点：

（1）传球队员传球的弧度要平，球速要快，落点要准。

（2）射门前锋要迎球积极，快速根据球的运行路线调整自己的位置，射门时大腿带动小腿快速起脚射门，脚背要绷紧，击球的中上部。

（3）射门时要把球压低，宁偏勿高。

教学比赛：8 对 8 比赛。

场地器材：足球场一个，足球若干。

组织方法：在标准足球场内进行 8 对 8 比赛。

指导要点：多给前锋队员传球，只有己队的两名前锋进球才算得分。

七、前卫位置技术

前卫位置技术训练示例如表 13-8 所示。

表 13-8　前卫位置技术训练示例

年龄：16~18 岁	主题：前卫位置技术		时间：90min

目标：提高接球转身转移球能力

示例	

热　　身：传接球。 **场地器材**：25m×25m 场地，足球、标志盘若干。 **组织方法**：队员 3 人一组，一侧队员传地滚球给中间队员，中间队员接球后转身把球传给另一侧队员，轮流练习。 **指导要点**： (1) 接球、转身的衔接要流畅。 (2) 速度由慢到快。 (3) 在热身中加上牵拉。	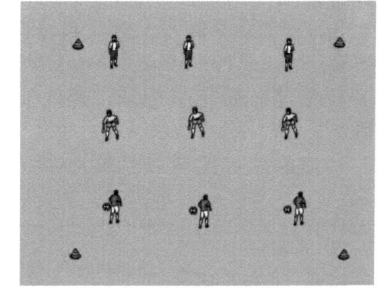
活　动　1：接球转身转移球。 **场地器材**：25m×15m 场地，足球、标志盘若干。 **组织方法**： (1) B 队员从端线处传地滚球给向其跑动的 A 队员。 (2) A 队员向前跑动接球向右侧转身，摆脱身后防守的 D 队员，把球转移给另一侧端线处的 C 队员。 (3) A 队员、D 队员回到起始位置，A 队员跑动接 C 队员的传球向左转身摆脱 D 队员的防守，把球转移给端线处的 B 队员。 (4) 4 人依次轮流练习。 **指导要点**： (1) 两端传球队员传球要准确、有力。 (2) 中间接球队员接球后转身要快，转身时要用身体挡住防守队员，转身后要快速转移球。 (3) 防守队员由弱防守逐渐过渡到积极防守。	
活　动　2：前卫接球转身长传转移球。 **场地器材**：1/2 足球场，足球、标志盘若干，把场	

续表

示例	
地分为 5 个区域，其中 1 区、3 区宽度为 11m，2 区宽度为 18.32m。 **组织方法：** （1）B 队员从中圈跑到 1 区接 A 队员从 5 区踢出的地滚球，接球转身并迅速将球转移给 4 区的 C 队员。 （2）D 队员从罚球区弧顶跑到 3 区接 C 队员从 4 区踢出的地滚球，接球转身迅速把球转移到 5 区的 A 队员。 （3）4 人循环练习。 **指导要点：** （1）接球时要顺势转身，转身和转移球的动作连接要快。 （2）转移球时要传空中球，速度要快，落点要准确。 （3）传地滚球时传球力量要适当，球速要逐渐加快。	
教学比赛：8 对 8 比赛。 **场地器材：**足球场一个，足球若干。 **组织方法：**在标准足球场内进行 8 对 8 比赛。 **指导要点：**多转移球，只有通过前卫队员转移球，进球才算得分。	

八、位置技术

位置技术训练示例如表 13-9 所示。

表 13-9　位置技术训练示例

年龄：16~18 岁	主题：位置技术		时间：90min
目标：提高防守位置技术			
示例			
热　　身：踢球。 **场地器材：**1/2 足球场，球门 1 个，足球、标志盘若干。			

续表

示例

组织方法：队员两人一球，相距 30m，同一方向站立，一人运球转身踢空中球给队友，同伴接球，转身运球中转身踢空中球再给队友，循环练习。

指导要点：

(1) 运球距离不要太远，转身踢球时支撑脚要快速转到踢球方向。

(2) 慢速进行。

(3) 在热身中加上牵拉。

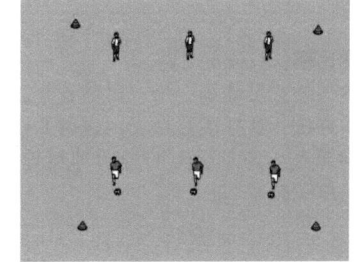

活 动 1：后卫斜线回追转身踢球。

场地器材：1/2 足球场，球门 1 个，足球、标志盘若干。

组织方法：

(1) A 队员从中圈附近斜传球到后卫左、右两侧身后。

(2) 后卫依次从 B 队员处快速转身斜线追球，追上后直接转身向前踢球。

(3) 循环练习。

指导要点：

(1) 后卫转身踢球时要快速把支撑脚脚尖转到踢球方向，踢球腿大腿带动小腿快速踢球。踢球时，脚背要绷紧。踢球后，踢球腿要顺势向前摆动。

(2) 转身踢球动作要协调快速，尽量将球踢得又高又远。

(3) 左右脚都要练习。

活 动 2：后卫直线回追转身踢球。

场地器材：1/2 足球场，球门 1 个，足球、标志盘若干。

组织方法：

(1) A 从中圈附近传过顶球到后卫身后。

(2) 后卫依次从 B 队员处快速转身直线追球，追上后直接转身向前踢球。

指导要点：

(1) 后卫追上球后快速 180° 转身，把支撑脚脚尖转到踢球方向。踢球腿大腿带动小腿快速踢球，踢球后腿顺势向前摆动。

(2) 转身踢球动作要协调快速，尽量将球踢得又高又远。

(3) 左右脚都要练习。

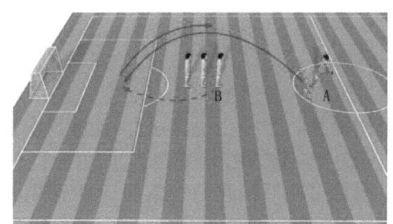

示例	
教学比赛：8 对 8 比赛。 **场地器材**：足球场一个，足球若干。 **组织方法**：在标准足球场内进行 8 对 8 比赛。 **指导要点**：多向后卫的身后球传球，练习后卫的回追解围技术。	

九、个人进攻战术

个人进攻战术训练示例如表 13-10 所示。

表 13-10　个人进攻战术训练示例

年龄：16~18 岁	主题：个人进攻战术		时间：90min
目标：提高 1 对 2 个人进攻能力			
示例			
热　身：运球。 **场地器材**：30m×30m 场地，足球、标志盘若干。 **组织方法**：队员每人一球，在场地内自由运球，遇到标志物后脚掌拉球变向运球。 **指导要点**： （1）运球时控制住球。 （2）拉球变向要快速，变向后要快速跟上运球。 （3）节奏由慢到快。 （4）在热身中加上牵拉。			
活　动　1：分区域的 1 对 2 个人进攻战术。 **场地器材**：25m×15m 场地，足球、标志盘若干。 1 对 2 个人进攻战术是个人进攻战术的一种，是指一名队员面对两名防守队员时所采用的进攻战术，1 对 2 个人进攻时发现机会要大胆地突破，特别是在防守方不到位时要及时进攻。 **组织方法**： （1）A 队员传球，B 队员跑动中接球，接球后 2 区			

示例	
的两名防守队员有且必须有一人进入 1 区防守，且不能再回到 2 区。 （2）B 队员需要突破两名防守队员 C、D 的防守运球到达远端的底线才算得分。 （3）循环练习。 **指导要点：** （1）1 对 2 个人进攻时，要根据实际情况快速分析、判断采用何种方式来进攻，发现机会要大胆地突破。 （2）特别是在两个人保护不到位，防守方犹豫不决时进行突破，要沿着没有保护队员的一侧位置进行突破，突破时要果断。 （3）不能突破时要控制好球，再伺机突破。	
活 动 2：多球门的 1 对 2 个人进攻战术。 **场地器材：**25m×15m 场地，小球门两个，足球、标志盘若干。 **组织方法：** （1）B 队员传球给 A 队员，A 队员跑动中接球，当 A 队员运球进入 2 区后，队员 B、C 才可上前防守。 （2）A 队员进攻两个球门，可接球直接射门，球进算成功。 （3）队员 B、C 把球抢断下来才算成功。 （4）循环练习。 **指导要点：** （1）A 队员要在跑动中接球。 （2）A 队员抓住时机利用各种机会突破或射门，若不能直接突破则把球控制住，再寻找机会突破。 （3）队员 B、C 积极防守。	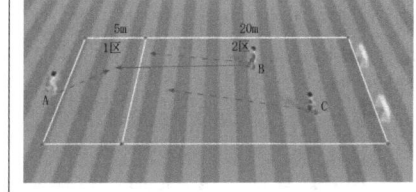
教学比赛：8 对 8 比赛。 **场地器材：**足球场一个，足球若干。 **组织方法：**在标准足球场内进行 8 对 8 比赛。 **指导要点：**鼓励队员在前场要大胆地突破过人创造进攻机会或射门。	

十、个人防守

个人防守训练示例如表 13-11 所示。

表 13-11　个人防守训练示例

年龄：16~18 岁	主题：个人防守		时间：90min
目标：提高 1 对 2 个人防守能力			
示例			
热　身：个人防守。 **场地器材**：30m×30m 场地，标志盘若干。 **组织方法**：队员两人一组，无球，一人向前做变向跑动，另一人向后侧滑步进行防守，并随着对方的变向转身，使对方始终处于外线。两人轮流练习。 **指导要点**： (1) 后退防守步伐要小、快，转身也要快。 (2) 防守重心要低。 (3) 在热身中加上牵拉。			
活　动　1：1 对 2 防守战术。 **场地器材**：20m×8m 场地、足球、标志盘若干。 **组织方法**： (1) 3 人一组，队员 A、B 负责进攻，C 队员负责防守。 (2) 两名进攻队员 A、B 通过运球和互相传球，运球或传球到 C 队员身后区域的底线，把球控制住才算成功。 (3) C 队员全力防守。 (4) 循环练习。 **指导要点**： (1) C 队员应当保持身体平衡并处于两名进攻队员中间，既要盯住控球队员，又要关注另一名队员。 (2) C 队员要耐心并注意观察封堵或抢断球的路线和时机。 (3) 没有合适机会，不要轻易出脚抢断球，要延缓对方的进攻。			
活　动　2：1+1 对 2 防守战术。 **场地器材**：50m×10m 场地，小球门 1 个，足球、标志盘若干。			

续表

示例	
组织方法： （1）教练员传球给 A 队员，A 队员与 B 队员进攻球门，C 队员防守，延缓对方的进攻速度，阻止对方射门得分。 （2）教练员传球的瞬间，D 队员从球门的另一端快速回防参加防守。 （3）防守队员如断球后要快速把球传给教练员，再重新防守。 （4）循环练习。 **指导要点：** （1）C 队员要注意选位，要站在两名进攻队员之间，侧身面对控球队员，迫使其向一侧移动，设法阻断其与另一名进攻队员的接应线路。 （2）C 队员防守的第一要务是延缓对方进攻，不要轻易被突破，而要等待队友的支援。 （3）C 队员要注意保护自己身后的空间，不要让对方轻易把球传到身后。	
教学比赛： 11 对 10 比赛。 **场地器材：** 足球场一个，足球若干。 **组织方法：** 在标准足球场内进行 11 对 10 比赛，自由人属于进攻的一方。 **指导要点：** 强调队员的个人防守，站住位置，不要轻易出脚，看准时机抢球或封堵对方的传球或射门路线。	

十一、小组进攻

小组进攻训练示例如表 13-12 所示。

表 13-12　小组进攻战术训练示例

年龄：16~18 岁	主题：小组进攻		时间：90min
目标：提高 2 对 3 小组进攻能力			
示例			
热　　身： 运球。 **场地器材：** 30m×30m 场地，足球、标志盘若干。			

续表

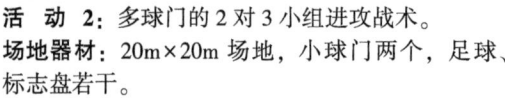

示例

组织方法：队员每人一球，在场地内自由运球，遇到标志盘做一假动作后做变向运球。

指导要点：

(1) 运球时控制住球。

(2) 假动作要逼真、连贯，变向后要快速跟上运球。

(3) 节奏由慢到快。

(3) 在热身中加上牵拉。

活 动 1：限定防守条件的 2 对 3 小组进攻战术。

场地器材：25m×20m 场地，足球、标志盘若干。

组织方法：

(1) 5 人一组。队员 A、B 负责进攻，队员 C、D、E 负责防守。

(2) A 队员或 B 队员运球，通过个人运球突破或传球配合，突破队员 C、D、E 的防守，到达队员 C、D、E 背后区域的底线就算成功。

(3) 防守时，队员 D、E 需双手背在身后。队员 C、D、E 积极防守，把球抢断下来才算成功。

指导要点：

(1) 队员 A、B 要根据场上情况大胆利用个人突破或传切配合、二过一、二过二等配合方法突破对方防守。

(2) 队员 A、B 没有合适机会突破时要控制好球，再伺机突破。

(3) 队员 D、E 防守时采用双手背在身后的方式防守，对队员 C 不做要求。

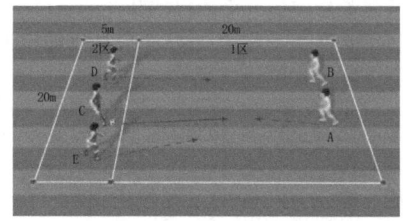

活 动 2：多球门的 2 对 3 小组进攻战术。

场地器材：20m×20m 场地，小球门两个，足球、标志盘若干。

组织方法：

(1) 队员 C 传球给队员 A，队员 A 跑动中接球。接球后队员 A、B 进攻两个小球门，球射进球门算成功。队员 C、D、E 防守，把球抢断下来才算成功。

(2) 队员 C 传球后，队员 C、D、E 上前在 2 区内防守，不能进入 1 区抢球。

(3) 队员 A、B 在 1 区内不能射门。

(4) 循环练习。

指导要点：队员 A、B 要多利用个人突破吸引对方防守，并及时传球与队友形成配合，抓住机会果断射门。

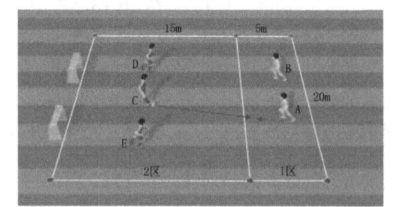

续表

示例	
教学比赛：四小球门比赛。 **场地器材**：25m×25m 场地，小球门 4 个，足球、标志盘若干。 **组织方法**： （1）在如右图所示区域内进行 3 对 4 比赛，双方队员各进攻两个球门，场内设 1 名自由队员，自由队员属于防守的一方。 （2）一方队员射门成功或球出界后，教练员迅速传球给另一方队员，由另一方队员展开进攻，在规定时间内得分多的一方获胜。 **指导要点**： （1）多利用个人突破吸引防守队员，给队友创造射门机会。 （2）与队友进行快速的短传配合突破对方的防守。	

十二、小组防守

小组防守训练示例如表 13-13 所示。

表 13-13　小组防守训练示例

年龄：16~18	主题：小组防守		时间：90min
目标：提高 2 对 3 小组防守能力			
示例			

热　　身：个人防守。 **场地器材**：30m×30m 场地，足球、标志盘若干。 **组织方法**：队员两人一组，一人运球向前跑动并不断变向，另一人向后侧滑步进行防守，并随着对方的变向转身，使对方始终处于外线。两人轮流练习。 **指导要点**： （1）后退防守步伐要小、快，转身也要快。 （2）防守重心要低。 （3）练习中注意牵拉。	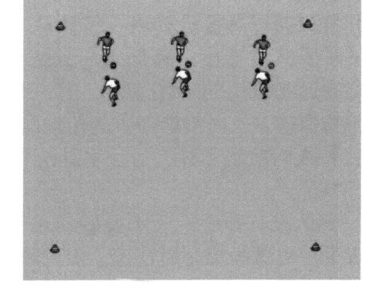
活　动　1：固定传球队员的 2 对 3 小组防守战术。 **场地器材**：25m×15m 场地，小球门 1 个，足球、标志盘若干。	

示例	
组织方法： （1）6人一组。队员 A、B、C 负责进攻，队员 D、E 负责防守，一人守门。其中队员 A 是固定传球队员，只能传球，不能运球过人。 （2）进攻队员射门进球算成功；防守队员断球或把球破坏出界算成功。 （3）循环练习。 **指导要点：** （1）防守时，首先要延缓对方的进攻速度，不要轻易被突破，为队友回防赢得时间。 （2）防守时，一人盯防控球队员，另一人站在其侧后方进行协防保护，两人要相互提醒，快速移动、保护、补位，封堵对方的传球路线。协同合作逼迫对方回传球或把球限定好位置，找准时机抢断球。	
活动 2：2 对 3 小组防守战术。 **场地器材：** 25m×15m 场地，小球门 1 个，足球、标志盘若干。 **组织方法：** （1）在如右图所示场地内，绿队 3 名队员进攻有守门员的 1 个球门，黄队两名队员全力防守，教练员传球练习即开始。 （2）绿队进球算成功，黄队断球或把球破坏出界外算成功，之后教练员发球重新开始。 **指导要点：** （1）黄队在教练员传球后要快速逼抢接球队员，设法阻止其转身。 （2）如果接球队员已转身，黄队队员在接近持球队员时要减慢速度，降低重心，侧身站位，逼迫对方向远离球门的一侧运球，另一名防守队员进行协防保护，及时封堵对方的传球路线。 （3）一人向前防守时，另一名防守队员要注意保护、补位。 （4）黄队没有合适机会不要轻易出脚抢球，要在对方失去对球的控制时快速上前抢断球。	
教学比赛： 四小球门比赛。 **场地器材：** 25m×25m 场地，小球门 4 个，足球、标志盘若干。	

续表

示例	
组织方法： （1）在如右图所示区域内进行 4 对 3 比赛，双方队员各进攻两个球门，场内设 1 名自由队员，自由队员属于进攻的一方。 （2）一方队员射门成功或球出界后，教练员迅速传球给另一方队员，由另一方队员展开进攻，在规定时间内得分多的一方获胜。 **指导要点：**防守时要注意协防保护，一人上前防守，另外人身后协防，注意封堵对方的传球和射门路线。	

十三、转移进攻

转移进攻训练示例如表 13-14 所示。

表 13-14　转移进攻训练示例

年龄：**16~18 岁**	主题：**转移进攻**	时间：**90min**
目标：提高转移进攻的能力		
示例		
热　身：传球。 **场地器材：**30m×30m 场地，足球、标志盘若干。 **组织方法：**队员两人一组，在场地内进行长传球练习。 **指导要点：** （1）传球要准确。 （2）慢速传球。 （3）练习中注意牵拉。	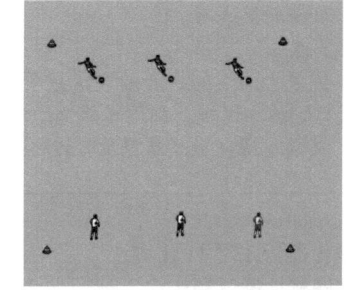
活　动 1：5 对 5 中边转移进攻练习。 **场地器材：**1/2 足球场，大球门 1 个，小球门两个，足球、标志盘若干。 **组织方法：** （1）在 1/2 场地内进行 5 对 5 比赛。 （2）一方设守门员，抢断球后，进攻对面的两个小球门，队员不能进入边路区域。	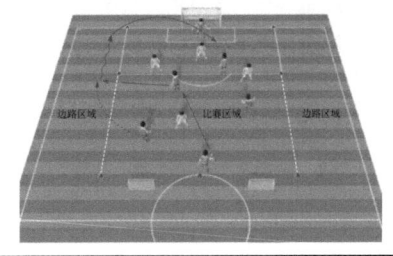

示例	
（3）一方不设守门员，进攻大球门，进攻时可以有一名队员进入边路区域内接球传中。 （4）进攻方必须在 5 次传球内完成射门，否则双方交换球权。 （5）交替轮流练习。 **指导要点：** （1）进攻大球门的一方要积极思考和观察，若中路防守很密集，要迅速把球转移到边路，完成传中和包抄射门。 （2）大球门的一方防守时要采用积极压迫的方式阻止对方中路射门。	
活　动　2：9 对 9 转移进攻练习。 **场地器材**：1/2 足球场，大球门 1 个，小球门两个，足球、标志盘若干。 **组织方法**： （1）在 1/2 场地内进行 9 对 9 比赛。 （2）一方设守门员，抢断球后，进攻对面的两个小球门。 （3）一方不设守门员，进攻大球门，进攻时必须在 1 区、2 区、3 区至少两个区域内完成传接球后才能射门得分。 （4）交替轮流练习。 **指导要点：** （1）进攻大球门的一方要在进攻受阻时快速地把球转移到另一区域，利用转移调动对方的防守。 （2）强调发现空当区域要及时转移球。	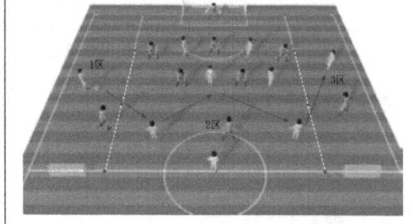
教学比赛：11 对 11 比赛。 **场地器材**：足球场 1 个，球门两个，足球、标志盘若干。 **组织方法**：在场地内进行有守门员的 11 对 11 比赛。 **指导要点**：强调多利用球的转移调动对方的防守。	

十四、局部5对5攻防练习

局部5对5攻防练习示例如表13-15所示。

表13-15 局部5对5攻防练习示例

年龄：16~18岁	主题：局部5对5攻防练习	时间：90min
目标：提高局部5对5攻防战术能力		
示例		
热 身：5对2练习。 **场地器材**：15m×15m场地，足球、标志盘若干。 **组织方法**：在场地内进行5对2练习。 **指导要点**： （1）防守队员弱防守。 （2）控球队员两脚球。 （3）练习中注意牵拉。	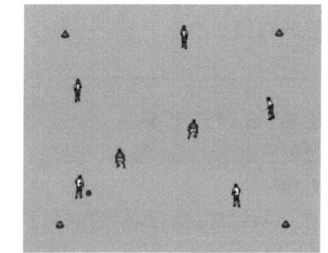	
活 动 1：5对5快速进攻练习。 **场地器材**：1/2足球场，球门两个，足球、标志盘若干。 **组织方法**： （1）在两条罚球区边线延长线与球门线和中线围成的区域内进行有守门员的5对5攻防练习。 （2）将所有队员分成4组，每组5人，A、B两组首先在场上比赛，C、D两组在两侧球门线处等待。 （3）在进球、球出球门线和守门员抱住球这3种情况下，刚才持球进攻的小组与对面球门线的小组快速交换位置。交换之后，刚才场上防守一方，变为进攻一方，刚刚上场的一方成为防守一方。 **指导要点**： （1）进攻方队员最多3次触球就要将球传出。 （2）各组队员要快速完成位置和攻防的转换。		
活 动 2：5对3+2局部防守练习。 **场地器材**：20m×20m场地，足球、标志盘若干。 **组织方法**： （1）在场地内进行5对3抢球练习，场外两条边线外设两名进攻接应队员，5名防守队员要阻止进攻方把球传给另一侧的场外接应队员。		

示例	
（2）防守队员不能抢接应队员的球。 （3）轮流练习。 **指导要点：** （1）防守队员要利用人数优势，相互协同防守，在进攻方尚未控制住球时，就近的防守队员要迅速对其进行围抢。 （2）防守队员要注意相互之间的保护和补位，要积极逼抢持球队员，同时其他防守队员要积极封堵其传球路线。	
教学比赛：5 对 5 比赛 **场地器材：**40m×15m 场地，足球、标志盘若干。 **组织方法：** （1）在 40m×15m 狭长场地内进行有守门员的 5 对 5 比赛。 （2）在对方半场才可射门。 **指导要点：** （1）强调进攻一方要充分利用场地的长度进攻。 （2）防守时既要给控球队员压力，又要保护球门，抢到球后要快速发起反击。	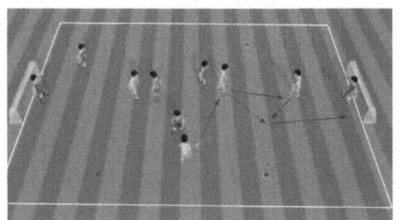

第十四章 ▶ Chapter 14

高级阶段比赛期实践课

一、边路协同进攻

边路协同进攻训练示例如表 14-1 所示。

表 14-1 边路协同进攻训练示例

年龄：16~18 岁	主题：边路协同进攻	时间：90min
目标：提高边路协同进攻能力		
示例		
热　身：传接球。 **场地器材**：20m×20m 场地，足球、标志盘若干。 **组织方法**：7 人一组，两球，在场地内自由传接球。 **指导要点**： （1）匀速、较慢，移动中完成传接球。 （2）控球队员两脚球，无球队员积极跑动接应要球。 （3）练习中注意牵拉。		
活　动 1：前卫边路下底传中，前锋中路包抄协同进攻。 **场地器材**：1/2 足球场，球门 1 个，足球若干。 **组织方法**： （1）前卫 A 传球给前锋 B。 （2）前锋 B 跑动中接球，传球给边路插上的前卫 C。 （3）前卫 C 接球，运球下底传中。 （4）前卫 A、前锋 B 门前包抄射门。		

示例

指导要点：

（1）前锋、前卫传球要准确，要相互呼应，传跑要一致。

（2）前卫 A 传球后要积极向前跑动。

（3）前锋 B 要直接传球给边路的前卫 C，然后转身前插。

（4）前锋 B 和前卫 A 的门前包抄要前点、后点分开，不要跑重位置。

（5）防守队员弱防守。

活 动 2：前锋回撤接应，前卫边路下底传中协同进攻。

场地器材：1/2 足球场，球门 1 个，足球若干。

组织方法：

（1）前卫 A 向前运球中传球给前锋 B，前锋 B 往回跑动中直接传球给前卫 C。

（2）前卫 C 跑动中直接传球给从边路插上的前卫 A，前卫 A 运球摆脱防守下底传中。

（3）前锋 B、D 交叉跑动到门前包抄射门。

指导要点：

（1）前锋、前卫在快速跑动中完成传接球。

（2）前锋、前卫要相互呼应，传跑要一致。

（3）前锋 B、前卫 C 要一脚传球，不能停球。

（4）随着练习的熟练程度增加，防守队员由弱防守逐渐过渡到积极防守。

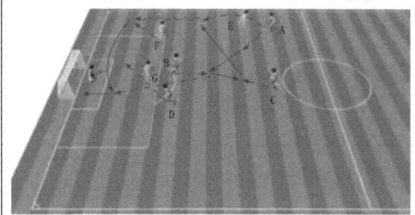

学比赛：9 对 9 比赛。

场地器材：2/3 足球场，球门两个，足球、标志盘若干。

组织方法：在 2/3 场地内进行有守门员的 9 对 9 比赛。

指导要点：

（1）最后的进攻必须从边路开始。

（2）前锋、前卫要多利用配合在边路突破对方的防守。

二、前场协同防守

前场协同防守训练示例如表 14-2 所示。

表 14-2　前场协同防守训练示例

年龄：16~18 岁	主题：前场协同防守	时间：90min
目标：提高前场协同防守能力		
示例		

热　　身：个人防守。

场地器材：30m×30m 场地，足球、标志盘若干。

组织方法：队员两人一组，一人运球向前跑动并不断变向，另一人向后侧滑步进行防守，并随着对方的变向转身，同时侧跨步抢球，使对方始终处于外线。两人轮流练习。

指导要点：

(1) 后退防守步伐要小、快，转身也要快。

(2) 防守重心要低。

(3) 练习中注意牵拉。

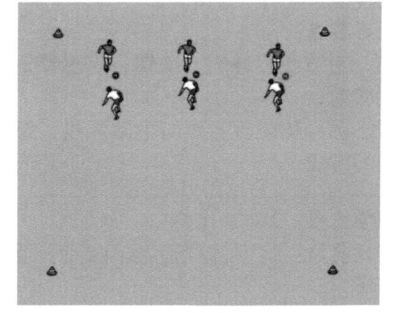

活　动　1：前锋、前卫前场协同防守。

场地器材：1/2 足球场，足球若干。

组织方法：

(1) 守门员传球给中后卫 A，前锋 D 从侧面向前防守，逼迫其把球只能传给一侧边路的后卫 B。

(2) 前卫 E 快速向前防守后卫 B。

(3) 前卫 F 上前协防切断后卫 B 传球给前卫 C 的路线，通过协同防守抢断球或逼迫后卫 B 盲目向前传球。

指导要点：

(1) 前锋向前逼抢时要从斜侧向前，而不是正面向前。

(2) 对方把球传到一侧后，前锋 D 要封堵对方回传中后卫或守门员的传球路线。

(3) 前卫 E 要提前预测好对方的传球方向，提前行动。

(4) 前卫 F 在前卫 E 逼抢到位后要预测对方的传球路线，提前行动，抢断球或逼迫对方盲目大脚向前传球。

续表

示例	
活 动 2：对方转移球时，前锋、前卫前场协同防守。 **场地器材**：1/2 足球场，球门 1 个，足球若干。 **组织方法**： (1) 守门员传球给中后卫 A，前锋 D 向前防守，逼迫其把球传给边路的后卫 B。 (2) 前卫 E 向前防守后卫 B。后卫 B 回传守门员，守门员把球转移给另一侧的后卫 C。 (3) 前锋 D 及边卫 F、H 快速向有球的后卫 C 一侧转移，重新布置防线。 **指导要点**： (1) 对方转移球时，前锋、前卫要迅速向有球一侧移动。 (2) 另一侧的前卫要向中路靠拢，重新布置球队前场防线。	
教学比赛：9 对 9 比赛。 **场地器材**：2/3 足球场，球门 2 个，足球、标志盘若干。 **组织方法**：在 2/3 场地内进行有守门员的 9 对 9 比赛。 **指导要点**： (1) 两队所有进攻必须从各自后场边路开始。 (2) 前锋、前卫要相互呼应，积极对控球队员进行逼抢，要协同防守，并注意互相保护和补位。	

三、中路协同进攻

中路协同进攻训练示例如表 14-3 所示。

表 14-3　中路协同进攻训练示例

年龄：16~18 岁	主题：中路协同进攻		时间：90min
目标：提高中路协同进攻能力			
示例			
热　身：传接球。 **场地器材**：1/2 足球场地，足球、标志盘若干。			

续表

示例

组织方法：队员两人一球，在场地内行进间传接球。
指导要点：
(1) 慢速、匀速。
(2) 无球队员接球后，要向前运球再横向传球给队友。
(3) 练习过程中注意牵拉。

活　动　1：前锋传球，前卫插上中路协同进攻。
场地器材：1/2 足球场，球门 1 个，足球、标志盘若干。
组织方法：
(1) 前卫 A 传球给前卫 B。
(2) 前卫 B 接球后传球给前锋 C。
(3) 前锋 C 将球回做给向前接应的前卫 A。
(4) 前卫 A 射门，同时前锋 C 转身前插准备补射。
指导要点：
(1) 前锋、前卫传球要准确，要相互呼应，传跑要一致。
(2) 前锋 C 要跑动中接球，并要直接传球给跑动接应的前卫 A。
(3) 前卫 A 要快速插上射门，起脚要快。
(4) 防守队员弱防守。

活　动　2：前卫肋部插上传中，前锋、前卫中路协同进攻。
场地器材：1/2 足球场，球门 1 个，足球、标志盘若干。
组织方法：
(1) 前卫 A 传球给前锋 B，前锋 B 回传给前卫 A，然后向门前跑动。
(2) 前卫 A 接球后，和前卫 C 做连续二过一突破防守。
(3) 前卫 C 接球后沿肋部运球传中。
(4) 前锋 B 和前卫 A 门前包抄射门。
指导要点：
(1) 前锋、前卫传球要准确，要相互呼应，传跑要一致。

续表

示例	
（2）前卫 A、C 传球后要快速移动接应，要在移动中接球。 （3）二过一配合要快速简练。 （4）前卫 C 传中时要传低平球。 （5）包抄射门时前锋 B 后点包抄，前卫 A 前点包抄，要有前后层次。 （6）防守队员弱防守。	
教学比赛：9 对 9 比赛。 **场地器材**：2/3 足球场，球门两个，足球、标志盘若干。 **组织方法**：在 2/3 场地内进行有守门员的 9 对 9 比赛。 **指导要点**： （1）强调前锋与前卫在中路进攻。 （2）前卫多穿插跑位，寻找与前锋配合的机会。	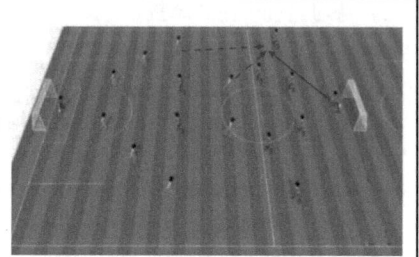

四、边路协同防守

边路协同防守训练示例如表 14-4 所示。

表 14-4　边路协同防守训练示例

年龄：16~18 岁	主题：边路协同防守		时间：90min
目标：提高边路协同防守能力			
示例			
热　　身：5 对 2 练习 **场地器材**：15m×15m 场地，足球、标志盘若干。 **组织方法**：在场地内进行 5 对 2 练习，控球方有一名队员在场地中间接应。轮流练习。 **指导要点**： （1）防守队员积极防守。 （2）控球队员两脚球，中间接应队员一脚球。 （3）练习中注意牵拉。			
活　动　1：对方无球队员边路套边，前卫、后卫边路协同防守。			

续表

示例

场地器材： 1/2 足球场，球门 1 个，足球若干。

组织方法：

（1）A 队员传球给 B 队员，B 队员接球运球向前。

（2）C 队员沿边路从 B 队员身后套边前插接应 B 队员。

（3）球传到 B 队员脚下时，边后卫 D 队员上前防守，同时 E 队员追防对方前插的 C 队员。

（4）E 队员回防到位时，队员 D、E 队员换位盯防对方，D 队员去盯防前插的队员 C，E 队员防守控球 B 队员。

指导要点：

（1）B 队员接球后，前卫 E 要快速回追对方前插的队员，以防对方对己方后卫形成以多打少的局面。

（2）E 队员回防到位后，D、E 队员找准时机快速换防盯防的对方。

活 动 2： 对方无球队员从边路内切，前卫、后卫边路协同防守。

场地器材： 1/2 足球场，球门 1 个，足球若干。

组织方法：

（1）A 队员传球给 B 队员，B 队员接球运球向前。

（2）C 队员从边路向内侧前插接应 B 队员。

（3）球传到 B 队员脚下时，边后卫 D 队员上前防守，由于边前卫离对方接应队员位置较远，中后卫 E 需盯防对方前插的 C 队员。

（4）前卫 F 后撤到中后卫的位置补防中路防线的漏洞。

指导要点：

（1）中后卫在己方前卫防守不到位的时候要快速盯防对方前插的接应队员。

（2）前卫快速回到中后卫的位置进行补位。

教学比赛： 9 对 9 比赛。

场地器材： 2/3 足球场，球门两个，足球、标志盘若干。

组织方法： 在 2/3 场地内进行有守门员的 9 对 9 比赛。

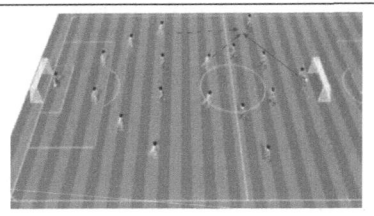

续表

示例

指导要点：
（1）两队所有进攻必须从边路开始。
（2）前卫、后卫要相互呼应，积极对控球队员进行逼抢，要协同防守，并注意互相保护和补位。

五、边路协同进攻

边路协同进攻训练示例如表 14-5 所示。

表 14-5　边路协同进攻训练示例

年龄：16~18 岁	主题：边路协同进攻	时间：90min
目标： 提高边路协同进攻能力		

示例	
热　身：传接球。 **场地器材**：1/2 足球场地，足球、标志盘若干。 **组织方法**：队员两人一球，在场地内前后移动行进间传接球。轮流练习。 **指导要点**： （1）慢速、匀速，前进中传球队员传球后不要接着向前跑，要等队友接球后再向前跑，要在跑动中接球。 （2）无球队员接球后，要接着传球给队友，然后小步跑向后退。 （3）练习过程中注意牵拉。	
活　动　1：边后卫、边前卫边路转移球协同进攻。 **场地器材**：足球场 1 个，足球若干。 **组织方法**： （1）边后卫 A 传球给前卫 B。 （2）A、B 队员做二过一配合突破 D 队员的防守。 （3）A 队员前插接球，长传球给另一前卫 C，然后向球门前跑动。 （4）C 队员接球后运球下底传中，A 队员包抄射门。 **指导要点**： （1）前卫、后卫传球要准确，要相互沟通，传跑要一致。	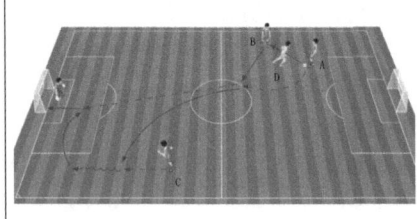

续表

示例

（2）前卫、后卫的边路二过一配合要快速简练。
（3）前卫 C 要跑动中接球。
（4）防守队员弱防守。

活 动 2：前卫回撤传球，后卫插上边路协同进攻。

场地器材：足球场 1 个，球门两个，足球若干。

组织方法：

（1）守门员手抛球给前卫 A，前卫 A 跑动中直接回传给在边路的后卫 B，后卫 B 传球给中路的前卫 C。

（2）前卫 C 接球长传球给边路上插上的后卫 B。

（3）后卫 B 接球后，运球下底传中，前卫 A、C 门前包抄射门。

指导要点：

（1）前卫、后卫要相互呼应，掌握好传跑时机。

（2）后卫 B 传球后要及时前插接应。

（3）前卫 C 向前传球的力量要适中。

（4）随着练习的熟练程度，防守队员由弱防守逐渐过渡到积极防守。

教学比赛：9 对 9 比赛。

场地器材：2/3 足球场，球门两个，足球、标志盘若干。

组织方法：在 2/3 场地内进行有守门员的 9 对 9 比赛。

指导要点：

（1）两队所有进攻必须从边路发起，否则进攻得分无效。

（2）前卫、后卫要及时跑动，在边路多利用二过一、二过二突破对方的防守。

六、中路协同防守

中路协同防守训练示例如表 14-6 所示。

表 14-6　中路协同防守训练示例

年龄：16~18 岁	主题：中路协同防守		时间：90min
目标：提高中路协同防守能力			
示例			

<table>
<tr><td>

热　　身：传接球练习。
场地器材：30m×20m 场地，足球、标志盘若干。
组织方法：队员 3 人一组，每组两球，无球队员在中间，左右移动中接两侧有球队员的传球并传球。轮流练习。
指导要点：
(1) 两侧传球队员力量要适中，要向中间队员的两侧传球。
(2) 中间队员要在左右移动中接球并完成传球，传球后侧向跑到另一侧再接另一侧队员的传球。
(3) 练习过程中注意牵拉。

</td><td>

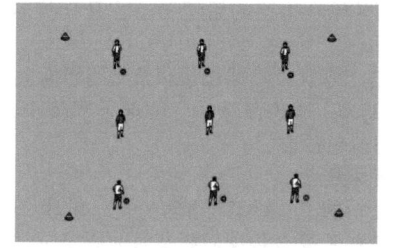

</td></tr>
<tr><td>

活　动　1：对方沿肋部插入，前卫、后卫协同防守。
场地器材：1/2 足球场，球门 1 个，足球、标志盘若干。
组织方法：
(1) A 队员传球给 B 队员，B 队员传球给沿肋部插上的队员 C。
(2) 中后卫 D 补防对方插入的前锋 C。
(3) 前卫 E 向后补防中后卫的位置，保证中路要害区域不出现防守漏洞。
(4) 中路左右两侧循环练习。
指导要点：
(1) 攻方前锋插上要快速突然，攻方要争取射门得分。
(2) 中后卫和前卫的补位要及时协调，要快速地补防换位。

</td><td>

</td></tr>
<tr><td>

活　动　2：前卫被摆脱，前卫、后卫中路协同防守。
场地器材：1/2 足球场，球门 1 个，足球若干。

</td><td></td></tr>
</table>

续表

示例

组织方法:

(1) A队员中路运球突破前卫F的防守后，继续运球向前进攻。

(2) 蓝队4名队员前插接应，黄队4名后卫集体后撤，向中间收缩。其中G、K队员紧盯E、D队员。

(3) F队员回追防守，两名边前卫M、N快速回追去盯防B、C队员。

(4) 在A队员运球进入罚球区前射程之前，中后卫H向前逼抢A队员，其他后卫集体停止后撤，把对方逼离中路并伺机抢断球。

(5) 抢断球后，快速把球传给教练员，重新开始练习。

指导要点:

(1) 黄队要边退边防，先收缩防线，在对方进入射程之前上前逼抢。

(2) 两名边后卫放弃自己盯防的边路队员向球门前收缩防守。

(3) 两名边前卫快速回防，防守对方边路的队员。

教学比赛: 中路区域5对5比赛。

场地器材: 1/4足球场，球门两个，足球、标志盘若干。

组织方法: 在如右图所示的区域内进行有守门员的比赛。

指导要点:

(1) 进攻方要左右不断地传球，调动对方的防守队员。

(2) 防守队员要根据球的运行不断调整防守位置，对有球和球附近的接应队员进行紧逼盯人防守，对无球一侧的进攻队员进行松动区域防守。

(3) 后卫和前卫要及时地保护、补位和夹抢控球队员。

(4) 防守时要形成纵深层次的保护。

七、角球攻防

角球攻防训练示例如表 14-7 所示。

表 14-7　角球攻防训练示例

年龄：16~18 岁	主题：角球攻防		时间：90min
目标：提高角球攻防能力			
示例			
热　　身：头顶球练习。 **场地器材**：30m×10m 场地，足球、标志盘若干。 **组织方法**：队员两人一球，相距 6~8m，一人抛球，另一人向前助跑 1~2m 跳起头顶球，落地后后退跑回原地。轮流练习。 **指导要点**： （1）抛球队员力量要适中。 （2）顶球方向要向下。 （3）练习过程中注意牵拉。		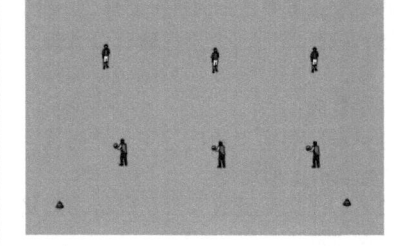	
活　动 1：角球进攻练习。 **场地器材**：1/2 足球场，球门 1 个，足球若干。 **组织方法**： （1）A 队员长传角球到门前或与队友配合利用短传角球战术发球到门前。 （2）B、C、D 队员门前包抄射门。 （3）防守队员由弱防守逐渐过渡到积极防守。 **指导要点**： （1）A 队员传球的落点分前点、中间和后点 3 个区域，传球时通过手势告诉队友自己本次传球的战术意图，传球落点不要太靠近守门员。 （2）B、C 队员交叉跑动门球包抄，C 队员包抄前点，B 队员包抄中间，D 队员包抄后点。 （3）队员之间传跑时机要协调一致。 （4）抢点进攻队员要随时注意接队友的头球摆渡射门和补射。 （5）发短传战术角球时，A、B 队员传跑要一致，趁对方没有注意快速发出战术角球，B 队员传中时球速要快，弧度要平，传中落点不要太靠近守门员。			

续表

示例

活 动 2：角球防守练习。

场地器材：1/2 足球场，球门 1 个，足球若干。

组织方法：

（1）A 队员长传角球到门前，或与队友配合利用短传角球发球到门前，队友门前包抄射门。

（2）防守队员积极防守，争取第一时间把球破坏出危险区域。

（3）解围后，防守队员要快速全线压上，压缩的对方的进攻时间和空间，并制造对方处于越位位置。

指导要点：

（1）A 队员传球的落点分前点、中间和后点 3 个区域，传球时通过手势告诉队友自己本次传球的战术意图。

（2）防守时两名边后卫站在前后门柱处，帮助守门员防守球门。

（3）守门员要斜向站立，要既能看到罚球者，又能看到罚球区内的进攻队员，做到既能保护球门又能控制球门区。

（4）E 队员在球门区线附近，要注意球门区附近前、中、后 3 个危险点的防守。

（5）F 队员在罚球区线附近要控制罚球区前沿附近，防止对方再次攻击和远射，并做好伺机反击的准备。

（6）B、C、D 队员要对进攻队员进行紧逼盯人防守，要阻止对方攻门，及时抢点解围。

（7）对方发短传战术角球时，防守队员注意力要集中，要有一人快速到角球区 9.15m 处，干扰对方的短传战术角球。

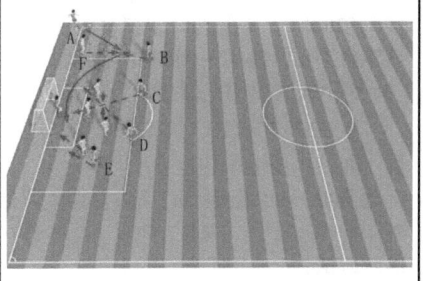

教学比赛：11 对 11 比赛。

场地器材：1/2 足球场，球门 2 个，足球、标志盘若干。

组织方法：在 1/2 场地内进行有守门员的 11 对 11 比赛。

指导要点：

（1）多创造角球机会，利用角球进攻得分双倍积分。

（2）强调角球进攻与防守。

八、任意球攻防

任意球攻防训练示例如表 14-8 所示。

表 14-8　任意球攻防训练示例

年龄：16~18 岁	主题：任意球攻防	时间：90min
目标：提高任意球攻防能力		
示例		

热　　身：传接球练习。 **场地器材**：30m×20m 场地，足球、标志盘若干。 **组织方法**：队员 3 人一组，每组两球，无球队员在中间，前后跑动中接两侧有球队员的传球并传球。轮流练习。 **指导要点**： （1）两侧传球队员力量要适中。 （2）中间队员要在跑动中接球并完成传球，传球后转身跑动再接另一侧队员的传球。 （3）练习过程中注意牵拉。	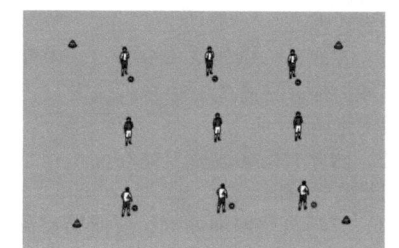
活　动　1：任意球进攻战术。 **场地器材**：1/2 足球场，球门 1 个，足球、假人若干。 **组织方法**： （1）A 队员踢弧线球绕过假人传向门前，或与队友配合传地滚球给队友，队友射门或传球。 （2）B、C、D 队员跑动门前包抄射门。 （3）任意球战术配合时，B、C、D 队员冲向罚球区佯装头球冲顶射门，吸引防守队员。C 队员半路急停，接 A 队员传球射门。 （4）队员 E、F 弱防守。 **指导要点**： （1）A 队员弧线球传中落点不要太靠近守门员。 （2）B、C、D 队员分别前、中、后三点跑动包抄射门。 （3）传中队员与跑动接应射门队员要传跑一致。 （4）战术配合时，C 队员的急停要突然，接球后要在防守队员未上来封堵前，快速完成射门。	

示例

活 动 2：任意球防守练习。

场地器材：1/2 足球场，球门 1 个，足球若干。

组织方法：

（1）守门员组织防守队员排人墙，人墙要封堵住球门近角，守门员选择最佳位置，既能看清球和罚球者的动作，又能兼顾整个球门的防守。

（2）防守队员盯人防守，看好进攻队员。

（3）A 队员传中，进攻队员争取射门，防守队员争取把球破坏出危险区域。

指导要点：

（1）犯规后，首先要干扰对方，不能让对方快速把球发出，争取让裁判员吹哨对方才能发球。

（2）守门员要根据犯规地点指挥自己队员排 2~5 人的人墙，人墙要封堵住近角。

（3）对方传中时，排人墙的队员要相互紧靠，不能松开，给对方留下空隙。

（4）对方传中时，防守队员要对进攻队员进行区域结合紧逼盯人防守，根据传球路线迅速跑动把球破坏出危险区域。

（5）守门员要注意力集中，要谨防对方直接射门，在对方传球过于靠近门前时要大胆出击接球或把球击出去。

教学比赛：11 对 11 比赛。

场地器材：1/2 足球场，球门两个，足球、标志盘若干。

组织方法：在 1/2 场地内进行有守门员的 11 对 11 比赛。

指导要点：

（1）鼓励队员在罚球区附近制造对方犯规，创造任意球机会，利用任意球进球双倍积分。

（2）强调任意球的攻防配合。

九、4-3-3 阵型比赛

4-3-3 阵型比赛示例如表 14-9 所示。

表 14-9　4-3-3 阵型比赛示例

年龄：16~18 岁	主题：4-3-3 阵型比赛		时间：90min
目标：提高利用 4-3-3 阵型比赛的能力			
示例			
热　　身：头顶球防守练习。 **场地器材**：30m×10m 场地，足球、标志盘若干。 **组织方法**：队员 3 人一组，每组一球，其中一人抛球，中间一人为进攻队员，抛球队员抛过顶球，进攻队员身后的防守队员跳起头顶球。轮流练习。 **指导要点**： （1）抛球队员力量要适中。 （2）顶球队员要将手臂架起，进攻队员弱进攻。 （3）练习过程中注意牵拉。			
教学比赛：11 对 11 比赛。 **场地器材**：足球场 1 个，球门两个，足球、标志盘若干。 **组织方法**：在场地内进行有守门员的 11 对 11 比赛，双方均利用 4-4-3 阵型。 **指导要点**：各位置队员各司其职，相互配合，把各位置要求运用到比赛中去。			

十、4-4-2 阵型比赛

4-4-2 阵型比赛示例如表 14-10 所示。

表 14-10　4-4-2 阵型比赛示例

年龄：16~18 岁	主题：4-4-2 阵型比赛		时间：90min
目标：提高利用 4-4-2 阵型比赛的能力			
示例			
热　　身：头顶球防守练习。			

续表

示例

场地器材：30m×10m 场地，足球、标志盘若干。

组织方法：队员 3 人一组，每组一球，其中一人抛球，中间一人为进攻队员，抛球队员向进攻队员身前抛球，身后的防守队员绕到前面跳起头顶球。轮流练习。

指导要点：

（1）抛球队员力量要适中。

（2）顶球队员要将手臂架起，进攻队员弱防守。

（3）练习过程中注意牵拉。

战术解析：由于 4-3-3 阵型所带来的进攻的锐利性和个人技术所产生的威慑力，各球队都以加强防守来遏制进攻，在 4-3-3 阵型的基础上把一名前锋后撤到中场，就变成了 4-4-2 阵型。4-4-2 阵型是指后卫线 4 名队员，前卫线 4 名队员，前锋线 2 名队员的阵型，此阵型因前卫队员的不同站位又可分为中场平行站位和中场菱形站位两种。中场平行站位的 4-4-2 阵型是指两名中前卫在中后卫前面平行站位。不同位置的队员在攻防时的要求如下。

前锋：

进攻时两名前锋一左一右或一前一后，主要在对方中卫和边后卫之间的区域活动，进攻时在队友的支援下，通过两人之间的一拉一插、一传一切和前后、左右交叉换位与传球配合，从中路突破防线，创造射门得分机会；在两侧的边路进攻中，应向同侧有球区域移动，随时与其他队友组成有球区域的局部进攻，突破对方边路防线。同时也应根据场上情况有意识地主动回撤或拉边接应，制造中路或边路空当，为前卫、后卫队员插上进攻创造突破和射门得分机会。在由守转攻的瞬间，应利用对方中卫两侧的空当，及时插上进行反击。防守时，一旦失球应就地反抢对方控球队员，以延缓对方进攻速度，阻止对方向前快速传球和长传反击，上前封堵，迫使对方进行横传、回传，并及时回到本方半场的防守位置，协助和参加全队防守，但不能退得太深，要随时准备由守转攻，发起对对方的攻击。

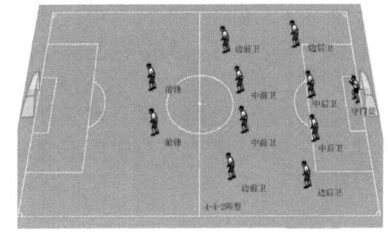

前卫：

进攻时，两名边前卫主要负责边路的进攻，进攻

续表

示例

时应组织发动并积极参与到边路的进攻，起到边锋的作用，或通过中路配合，直接插上或包抄射门；两名中前卫由守转攻时，积极发动并组织中后场的进攻，接应与支援前面的进攻队友，及时插上射门，并和边后卫交替插上进攻。

防守时，两名边前卫防守时应快速回防，盯防对方的边前卫或边锋，及时填补边后卫因插上助攻而留下的空当，使全队形成稳固的防守；两名中前卫防守的重点是堵塞中后卫与边后卫结合部空隙，严密封锁两名中后卫结合部之间的通道，交替盯防进入罚球区前沿的对方前锋或突前前卫，形成后防前沿的防守屏障，并及时弥补同侧边后卫与中后卫的空当。

后卫：

进攻时，两名边后卫应大胆地向中场压上，卡住中场两肋区域，协助控制中场，并不失时机地积极套边和插上进攻；中后卫作为后卫中的组织者，要充分利用场地的宽度组织进攻，确立进攻的方向。

防守时，边后卫和中后卫主要采用区域防守和盯人防守相结合的混合防守体系，两名中后卫主防对手的前锋，基本上平行站位，但当一名中后卫顶上去防守时，另一名中后卫要在侧后保护并协防。前锋拉边或回撤时分别由边后卫和前卫看守，两名边后卫固守边路，要卡死在边路上的对方进攻球员，一旦被突破要与中后卫交叉换位，由中后卫补防。

教学比赛：11 对 11 比赛。

场地器材：足球场 1 个，球门两个，足球、标志盘若干。

组织方法：在场地内进行有守门员的 11 对 11 比赛，双方均利用 4-4-2 阵型。

指导要点：各位置队员各司其职，相互配合，把各位置要求运用到比赛中去。

十一、3-5-2阵型比赛

3-5-2阵型比赛示例如表14-11所示。

表14-11 3-5-2阵型比赛示例

年龄：16~18岁	主题：3-5-2阵型比赛	时间：90min
目标：提高利用3-5-2阵型比赛的能力		
示例		

热　身：头顶球防守练习。

场地器材：30m×10m场地，足球、标志盘若干。

组织方法：队员3人一组，每组一球，其中一人抛球，中间一人为进攻队员，抛球队员向进攻队员身前抛球，身后的防守队员绕到前面跳起头顶球。轮流练习。

指导要点：

(1) 抛球队员力量要适中。

(2) 顶球队员要将手臂架起，进攻队员弱防守。

(3) 练习过程中注意牵拉。

战术解析：3-5-2阵型的主要特点是屯兵于中场，有利于赢得中场攻防的主动，攻防转换快捷、机动，能较好地保持攻防的动态平衡，3-5-2阵型是指后卫线3名队员，前卫线5名队员，前锋线2名队员的位置排列，也就是3名后卫、5名前卫和2名前锋的位置排列。在攻防时各位置队员的要求如下。

前锋：

两名前锋位置的分布形式及其主要职责和打法与4-4-2阵型的双中锋大体相同。两名前锋一左一右或一前一后，主要在对方中卫和边后卫之间的区域活动，进攻时在队友的支援下，通过两人之间的一拉一插、一传一切和前后、左右交叉换位与传球配合，从中路突破防线，创造射门得分机会；在两侧的边路进攻中，应向同侧有球区域移动，随时与其他队友组成有球区域的局部进攻，突破对方边路防线，同时也应根据场上情况有意识地主动回撤或拉边接应，制造中路或边路空当，为前卫、后卫队员插上进攻创造突破和射门得分机会。在由守转攻的瞬间，应利用对方中卫两侧的空当，及时插上进行反击。

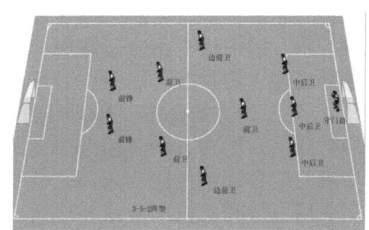

续表

示例
由于此阵型中场人数较多，在进攻时两名前锋能得到相对较多的进攻队友的支持，从充分调动进攻力量的角度出发，他们应更多地考虑以下战术打法：深入对方防守腹地，"站桩"吸引防守、为队友做球、头球摆渡或回顶，为其他进攻队员创造进攻机会；不时地向中路左右扯动要球，或主动回撤拿球，引诱对方防守重心的偏移，为队友门前中路插上进攻创造战机。 防守时，一旦失球应就地反抢对方控球队员，以延缓对方进攻速度，阻止对方向前快速传球和长传反击，上前封堵，迫使对方进行横传、回传，并及时回到本方半场的防守位置，协助和参加全队防守，但不能退得太深，要随时准备由守转攻，发起对对方的攻击。 **前卫：** 进攻时，左右边前卫由守转攻时应及时压上，争取中场进攻优势和主动，伺机发动和展开边路进攻，起到边锋的作用。左右居中前卫主要负责中前场进攻的发动和组织，与同侧边前卫和前锋组成有球区域的基本进攻组合攻击对方的边路防线；与两名前锋组成中路有球区域的基本进攻组合，通过相互间的传切配合，尤其是从后面插上突破中路防线，创造射门得分机会。拖后前卫主要负责本方中后场进攻的组织，掌握比赛的节奏和进攻方向。 防守时，两名边前卫迅速沿边路后撤，担负起防守边路的职责，形成4后卫或5后卫，从而巩固防守。左右居中前卫由守转攻时，要沿中路快速回防形成左、右后腰，加强中后场的防守。防守时和4-4-2阵型的基本一样，一般呈"漏斗式"扇形防守，盯防对方的突前前卫，尤其要做好两名中后卫结合部前的防守屏障，及时填补或保护两名中后卫暂时离位出击或补位而出现的中路空当。但由于本方防线的两侧是三后卫的防守力量较薄弱的区域，在边前卫或左、右中卫回防不及的情况下，还要随时扮演边后卫和中后卫的防守角色，因此它的"漏斗式"的扇形防守面积应更大。 **后卫：** 进攻时由于是三后卫的防守体系，其防守的压力

续表

示例

较大，在进攻时主要负责本方后、中场的进攻发动、接应和掌握进攻发起的初始方向与快慢节奏。防守时，左、右中后卫专门盯防对方的攻击手，其防守面要覆盖整个罚球区前沿区域，兼顾边路防守，及时填补和保护自由中卫出击留下的中路空当；居中自由中后卫防守控制的是整个罚球区，主要负责中路纵身和左、右中后卫身后区域的保护、补位，及时排除本方门前的险情，保护守门员及其因出击而留下的门前空当，起着防守"清道夫"的作用。

教学比赛： 11 对 11 比赛。
场地器材： 足球场 1 个，球门两个，足球、标志盘若干。
组织方法： 在场地内进行有守门员的 11 对 11 比赛，双方均利用 3-5-2 阵型。
指导要点： 各位置队员各司其职，相互配合，把各位置要求运用到比赛中去。

第十五章 ▶ Chapter 15

高级阶段过渡期实践课

一、无球游戏

（1）无球游戏 1 示例如表 15-1 所示。

表 15-1 无球游戏 1 示例

年龄：16~18 岁	主题：无球游戏 1	时间：90min
目标：提高灵敏、柔韧及协调能力		

示例	
热　　身：放松慢跑牵拉练习。 **场地器材**：足球场 1 个。 **组织方法**： （1）慢跑 4 圈牵拉练习。 （2）股四头肌牵拉练习。 （3）股二头肌牵拉练习。 （4）腓肠肌牵拉练习。 **指导要点**： （1）体温升高后再进行牵拉。 （2）牵拉肌肉与韧带幅度到位。	
活　动 1：绳梯练习。 **场地器材**：绳梯 1 副。 **组织方法**： （1）快频度前进跑。 （2）快频度侧进跑。 （3）剪刀跳侧进跑。 **指导要点**： （1）步伐一定要快。 （2）协调用力。	

续表

示例	
活动 2：高抬腿、冲刺跑综合练习。 **场地器材**：小跨栏 3 个，标志盘若干。 **组织方法**： （1）A 段为双脚跳。 （2）A 段快速高抬腿，AB 段侧向高抬腿，AC 段高抬腿后退跑，AD 段冲刺跑。 （3）顺序：A 段→AB 段→BA 段→AC 段→CA 段→AD 段。 **指导要点**： （1）各种形式的高抬腿跑快速完成。 （2）按右图顺序完成，3 组完成后休息 2min。	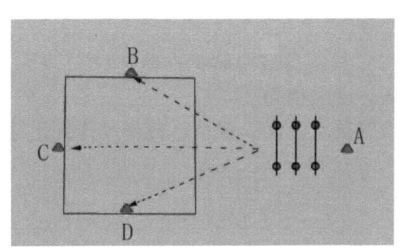
小组比赛：网式足球。 **场地器材**：8m×16m 场地（即两个 8m×8m 方形场地），边线宽 5cm，网高 1m 左右。 **组织方法**： （1）队员可以用手、臂以外的任何部位击球，球到己方区域可以落地一次或者不落地击球，接球方击球后再落在己方区域内为失败。 （2）每人每次只能击球一次，不能连续击球两次及以上，否则为失败。每队最多可击球 3 次，拦网触球也计算一次击球，第三次必须将球从球网上空击回至对方场地。3 对 3 或者 4 对 4 隔网对抗比赛。 **指导要点**：利用大腿停球调整，尽量采用脚内侧完成踢球过网。	

（2）无球游戏 2 示例如表 15-2 所示。

表 15-2　无球游戏 2 示例

年龄：16~18 岁	主题：无球游戏 2	时间：90min
目标：提高反应速度、动作速度与位移速度能力		
示例		
热　身：追逐跑。 **场地器材**：60m×60m 场地。 **组织方法**：（1）将队员分成黑白两组，队员分别站成两排，逐渐往中间靠近。		

示例

（2）教练员喊白队，白队迅速转身跑，黑队追白队，反之相同。
指导要点：反应快速，转身动作要迅速

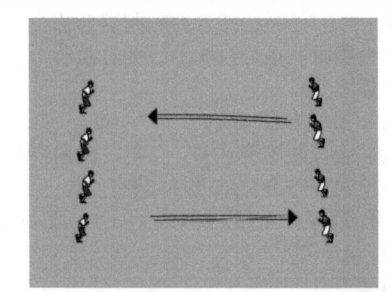

活 动 1：跑向对方区域。
场地器材：20m×20m 场地。
组织方法：
（1）将队员分成两组，分别集中在各自 4m×4m 区域内。
（2）队员听到教练员哨声后，队员相互跑到双方区域。
指导要点：
（1）听到教练员口令后瞬间加速跑。
（2）正向、侧身、背后转等方向交替练习。

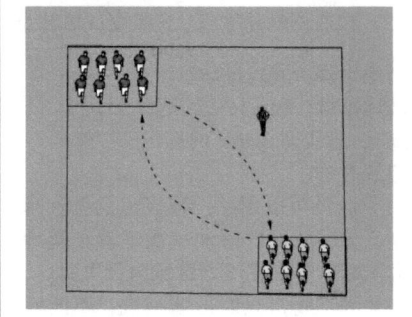

活 动 2：综合练习。
场地器材：障碍杆、跨栏若干，标志盘 4 个。
组织方法：
（1）队员依次按路线无球跑动，折线跑 20m。
（2）跨栏一次，钻栏一次。
（3）倒退跑 20m。
（4）慢跑 20m 回到原点。
指导要点：
（1）按路线依次进行练习。
（2）脉搏控制在 150 次/min 内，4 组练习后休息 3min。

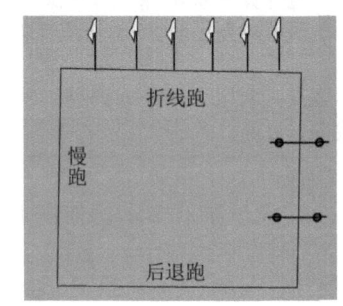

小组比赛：足排球比赛。
场地器材：8m×16m 场地（即两个 8m×8m 方形场地），网高 2m 左右。
组织方法：
（1）队员可以用手、臂以外的任何部位击球，球到己方区域可以落地一次或者不落地击球，接球方击球后再落在己方区域内为失败。
（2）每人每次只能击球一次，不能连续击球两次

续表

示例
及以上，否则为失败。每队最多可击球 3 次，拦网触球也计算一次击球，第三次必须将球从球网上空击回至对方场地。3 对 3 或者 4 对 4 隔网对抗比赛。 **指导要点：** （1）及时移动是触球的前提。 （2）注意观察对方队员的位置，将球踢到空当处。

二、传球游戏

传球游戏示例如表 15-3 所示。

表 15-3 传球游戏示例

年龄：16~18 岁	主题：传球游戏	时间：90min
目标： 提高传球后快速传球及反应能力		

示例	
热　　身：区域内随机传球。 **场地器材：**20m×20m 区域内摆放标志盘若干，盘间距 1m 左右。 **组织方法：** （1）队员两人一组，连续将球从两个标志盘内通过。 （2）一组练习大约持续 5min，中间休息 3min。 **指导要点：** （1）传球准确，尽量一脚触球。 （2）连续，快速高质量完成传球。	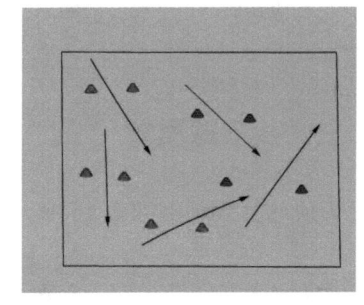
活　动　1：横传纵向跑动。 **场地器材：**标志盘 4 个。 **组织方法：** （1）A 点传向 B 点，同时跑向 C 点并折回 A 点。 （2）B 点传向 A 点，同时跑向 D 点并折回 B 点。 （3）如此反复练习。 **指导要点：** （1）传球后快速跑动。 （2）注意传球时机，并养成一脚出球的习惯。	

示例	
活　动　2：斜传横向跑动。 **场地器材**：标志盘 4 个。 **组织方法**： （1）A 点传向 B 点，同时跑向 C 点并折回 A 点。 （2）B 点传向 A 点，同时跑向 D 点并折回 B 点。 （3）如此反复练习。 **指导要点**： （1）斜传后第一时间横向跑动。 （2）培养快速传球习惯。	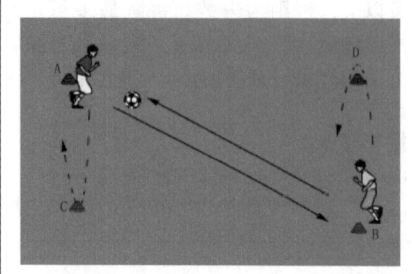
小组比赛：3 对 1 传抢。 **场地器材**：10m×10m 区域内相距 20m。 **组织方法**： （1）在一个区域内 3 对 1 传抢，本方一名队员断球后长传球给队友，然后跑回本方区域。 （2）同时对方一名队员跟随跑到另一区域内实施 3 对 1 传抢，重复之前练习。 （3）持续练习 3min，休息 3min，休息间可加一些力量练习。 **指导要点**： （1）断球后第一时间长传球给队友。 （2）抢球成功后，由守转攻的瞬间转换要快。	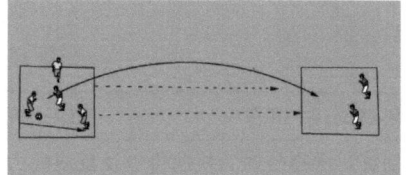

三、头顶球游戏

头顶球游戏示例如表 15-4 所示。

表 15-4　头顶球游戏示例

年龄：16~18 岁	主题：头顶球游戏	时间：90min
目标：提高头顶球射门能力		
示例		
热　　身：头球颠球。 **场地器材**：足球场 1 个。 **组织方法**： （1）头部颠球。		

续表

示例

（2）两人头球对颠。
（3）多人头球接力。
指导要点：
（1）强调前额是击球部分。
（2）击球方向稍向前上方。

活 动 1： 头顶球练习。
场地器材： 30m×15m 场地，足球、标志盘若干。
组织方法：
（1）抛球队员将球左侧标志盘上方抛起，顶球队员快速向左侧移动头顶球练习。
（2）两名队员重复左侧练习，将球向右侧抛顶球练习，如此反复练习。
（3）2min 一组，两人交替练习。
指导要点：
（1）顶球后快速跑动，准备另一侧头顶球练习。
（2）注意用力与顶球方向，注意观察抛球时机。

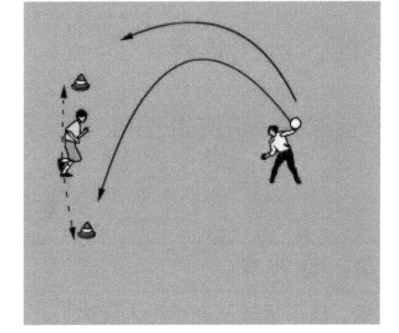

活 动 2： 头顶球射门练习。
场地器材： 40m×30m 场地，球门 1 个，软梯 1 副，足球、标志盘若干。
组织方法：
（1）一组队员在边路运球下底传球。
（2）另一组队员在中路完成绳梯脚步练习后快速头顶球射门练习，如此反复练习。
指导要点：
（1）传球队员注重传空中球的质量。
（2）顶球队员观察传球路线，及时调整跑动路线。

小组比赛： 手头球比赛。
场地器材： 10m×10m 场地，球门 1 个，足球、标志盘若干。
组织方法：
（1）场内两名队员一组，相互间可以用手或头传接球。

续表

示例

（2）场外有 4 名队员，可以用手或头接场内传球队员的球并直接将球传给传球队员。
（3）进攻队员必须接队友或场外队员的手、头球用头顶球射门进球才有效。
指导要点：
（1）培养头顶球技术及射门技术。
（2）突然的起动寻找时机头顶球射门。
（3）培养与队友配合的习惯。

四、运球游戏

运球游戏示例如表 15-5 所示。

表 15-5　运球游戏示例

年龄：16~18 岁	主题：运球游戏	时间：90min
目标：提高运球及突破过人能力		

示例	
热　身：脚背外侧运球练习。 **场地器材：**10m×10m 场地，足球、标志盘若干。 **组织方法：** （1）在规定区域内每人一球采用脚背外侧运球。 （2）听到教练员哨声后，向一侧晃动身体，向另外一侧变向运球。 **指导要点：**脚背外侧变向与身体重心晃动方向相反。	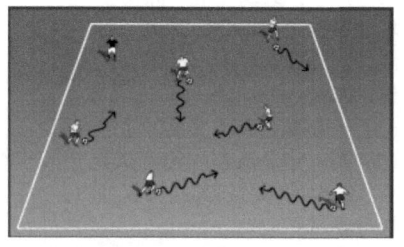
活　动 1：脚背外侧过障碍物运球。 **场地器材：**30m×20m 场地，足球、标志盘若干。 **组织方法：** （1）队员成一路纵队从起点准备。 （2）第一名队员如右图所示穿过每个标志盘。 （3）运球结束后将球传给下一名队员，依次进行。 **指导要点：** （1）强调运球部位是脚背外侧。	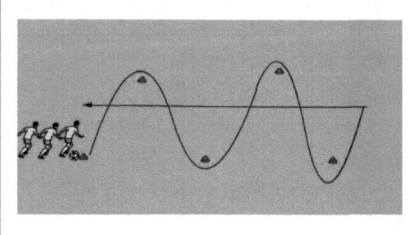

续表

示例

（2）沿规定路线完成。 （3）多触球，快移动，低重心。	
活 动 2：运球过人练习。 **场地器材**：30m×20m 场地，足球、标志盘若干。 **组织方法**： （1）队员从 A 点开始，脚背外侧运球，接近 B 点假动作晃动变向，继续向 C 点运球，重复过人变向。 （2）接近 C 点假动作晃动变向，继续向 D 点运球，回到 A 点。 （3）A 点队员完成练习后，B、C、D 点队员依次进行。 **指导要点**： （1）过人动作之前要有假动作，注意节奏变化。 （2）每次突破都要快速启动。 （3）可变换假动作。	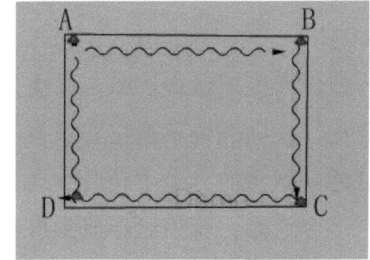
比 赛：4 对 4+4 比赛。 **场地器材**：20m×15m 场地，球门两个，足球、标志盘若干。 **组织方法**： （1）将所有队员分成 3 组，每组 4 人。 （2）在区域内进行 4 对 4 比赛，另外一组 4 名队员在边线外接应。 （3）场内队员接到场外队员传球后尽量完成脚背外侧接球转身过人。 （4）3 组轮流交换比赛。 **指导要点**： （1）比赛中敢于突破过人，同时把个人的突破与球队的整体紧密结合，明确过人是为了更好地配合。 （2）接球转身第一时间面对进攻方向为球队赢得更多进攻机会。	

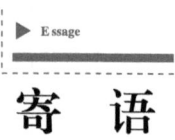

寄 语

  我们常说要像训练时一样去比赛。因此，对于训练的要求应该比正式比赛还要严格。在训练中不严格要求自己，就难以在与严格要求自己、充满激情和具备责任感的球员的竞争中获胜。

  当今世界，竞争已经成为进步的主要推动力。高水平的对手是我们奋发进取的动力。同时内部的良性竞争也应该予以鼓励和支持。无论是队友还是对手，都让我们在竞争中不断成长。竞争对手是我们借以不断超越自我的依靠。没有竞争，就没有超越。

  不论是对手还是队友，都值得我们去尊重。切勿做伤害他们的事，因为他们激励着我们不断超越自我，达成每一个既定目标。

  没有对手不成比赛，没有队友不成队伍。尊重对手的同时我们需要增强竞技体育精神，尊重队友的同时我们需要以集体利益为重。我们的终极目标是为国家队效力。在达成这个梦想的道路上，有无数的队友和对手陪伴着我们，帮助着我们，激励着我们不断超越自我，达成自己的目标。我们坚信，有梦想，肯坚持，就总有到达理想彼岸的一天。

参考文献

[1] 刘丹. 足球体能训练 [M]. 北京：北京体育大学出版社, 2006, 10.

[2] 刘丹. 球类运动训练理念批判 [M]. 北京：北京体育大学出版社, 2006.

[3] 美国国家足球教练员协会. 经典足球指导教材 [M]. 李春满, 等, 译. 北京：北京体育大学出版社, 2009：173-181.

[4] 朴正根. 优秀教练员领导行为定性研究 [J]. 韩国运动心理学学报, 2001 (1)：79-107.

[5] 中国足球协会, 国家体育总局干部培训中心. 足球教练员培训教程（职业级）[M], 2007：170-199.

[6] 朴正根. 国家队足球运动员心理影响因素及消除方式. 韩国运动心理学学报 [J]. 1999, 10 (1).

[7] 陈向明. 质的研究方法与社会科学研究 [M]. 北京：教育科学出版社, 2000.

[8] 雷纳·马腾斯. 执教成功之道 [M]. 钟秉枢, 等, 译. 北京：北京体育大学, 2009：154-176.

[9] 亚洲足球联合会, 中国足球协会. 足球教练员培训教程（职业级）[M]. 北京：体育大学出版社, 2007.

[10] 体育院校通用教材. 运动解剖学 [M]. 北京：人民体育出版社, 2012.

[11] 体育院校通用教材. 运动生物化学 [M]. 北京：人民体育出版社, 2018.

[12] 伍少利, 刘丹, 姚继伟, 等. 足球运动员的体能特征及训练应注意的问题 [J]. 体育科技, 2009 (2)：36-38.

[13] 国家体育总局干部培训中心. 高水平竞技运动科学训练研究 [M]. 北京：体育大学出版社, 2007.

[14] 刘丹. 足球体能训练高水平足球体能训练理论与实践 [M]. 北京：北京体育大学出版社, 2006：49-60.

[15] 刘丹. 足球运动训练与比赛监控的理论及实证 [M]. 北京：人民体育出版社, 2012：

182-183.

[16] Cox R. Sport Psycho logy Concept and Applications ［M］. M c Graw-H ill Companies, 1985 (2002).

[17] Jens Bangsbo. Exercise and Training Physiology ［M］. SISU Sport Books, 2011：88-89.